中华文化风采录 《古老历史遗

荣耀的牌匾

周丽霞 ◎ 编著

北方妇女儿童出版社
·长春·

图书在版编目(CIP)数据

　　荣耀的牌匾 / 周丽霞编著. —长春：北方妇女
儿童出版社，2017.5（2022.8重印）
　　（古老历史遗产）
　　ISBN 978-7-5585-1068-7

　　Ⅰ．①荣… Ⅱ．①周… Ⅲ．①牌匾－介绍－中国
Ⅳ．①K875.42

　　中国版本图书馆CIP数据核字（2017）第103411号

荣耀的牌匾
RONGYAO DE PAIBIAN

出 版 人　师晓晖
责任编辑　吴　桐
开　　本　700mm×1000mm　1/16
印　　张　6
字　　数　85千字
版　　次　2017年5月第1版
印　　次　2022年8月第3次印刷
印　　刷　永清县晔盛亚胶印有限公司
出　　版　北方妇女儿童出版社
发　　行　北方妇女儿童出版社
地　　址　长春市福祉大路5788号
电　　话　总编办：0431-81629600

定　　价　36.00元

习近平总书记说："提高国家文化软实力，要努力展示中华文化独特魅力。在5000多年文明发展进程中，中华民族创造了博大精深的灿烂文化，要使中华民族最基本的文化基因与当代文化相适应、与现代社会相协调，以人们喜闻乐见、具有广泛参与性的方式推广开来，把跨越时空、超越国度、富有永恒魅力、具有当代价值的文化精神弘扬起来，把继承传统优秀文化又弘扬时代精神、立足本国又面向世界的当代中国文化创新成果传播出去。"

为此，党和政府十分重视优秀的先进的文化建设，特别是随着经济的腾飞，提出了中华文化伟大复兴的号召。当然，要实现中华文化伟大复兴，首先要站在传统文化前沿，薪火相传，一脉相承，弘扬和发展5000多年来优秀的、光明的、先进的、科学的、文明的和自豪的文化，融合古今中外一切文化精华，构建具有中国特色的现代民族文化，向世界和未来展示中华民族具有独特魅力的文化风采。

中华文化就是中华民族及其祖先所创造的、为中华民族世世代代所继承发展的、具有鲜明民族特色而内涵博大精深的优良传统文化，历史十分悠久，流传非常广泛，在世界上拥有巨大的影响力，是世界上唯一绵延不绝而从没中断的古老文化，并始终充满了生机与活力。

浩浩历史长河，熊熊文明薪火，中华文化源远流长，滚滚黄河、滔滔长江是最直接的源头，这两大文化浪涛经过千百年冲刷洗礼和不断交流、融合以及沉淀，最终形成了求同存异、兼收并蓄的辉煌灿烂的中华文明。

中华文化曾是东方文化的摇篮，也是推动整个世界始终发展的动力。早在500年前，中华文化催生了欧洲文艺复兴运动和地理大发现。在200年前，中华文化推动了欧洲启蒙运动和现代思想。中国四大发明先后传到西方，对于促进西方工业社会形成和发展曾起到了重要作用。中国文化最具博大性和包容性，所以世界各国都已经掀起中国文化热。

中华文化的力量，已经深深熔铸到我们的生命力、创造力和凝聚力中，是我们民族的基因。中华民族的精神，也已深深根植于绵延数千年的优秀文化传统之中，是我们的精神家园。但是，当我们为中华文化而自豪时，也要正视其在近代衰微的历史。相对于5000年的灿烂文化来说，这仅仅是短暂的低潮，是喷薄前的力量积聚。

中国文化博大精深，是中华各族人民5000多年来创造、传承下来的物质文明和精神文明的总和，其内容包罗万象，浩若星汉，具有很强的文化纵深感，蕴含丰富的宝藏。传承和弘扬优秀民族文化传统，保护民族文化遗产，已经受到社会各界重视。这不但对中华民族复兴大业具有深远意义，而且对人类文化多样性保护也是重要贡献。

特别是我国经过伟大的改革开放，已经开始崛起与复兴。但文化是立国之根，大国崛起最终体现在文化的繁荣发展上。特别是当今我国走大国和平崛起之路的过程，必然也是我国文化实现伟大复兴的过程。随着中国文化的软实力增强，能够有力加快我们融入世界的步伐，推动我们为人类进步做出更大贡献。

为此，在有关部门和专家指导下，我们搜集、整理了大量古今资料和最新研究成果，特别编撰了本套图书。主要包括传统建筑艺术、千秋圣殿奇观、历来古景风采、古老历史遗产、昔日瑰宝工艺、绝美自然风景、丰富民俗文化、美好生活品质、国粹书画魅力、浩瀚经典宝库等，充分显示了中华民族厚重的文化底蕴和强大的民族凝聚力，具有极强的系统性、广博性和规模性。

本套图书全景展现，包罗万象；故事讲述，语言通俗；图文并茂，形象直观；古风古雅，格调温馨，具有很强的可读性、欣赏性和知识性，能够让广大读者全面触摸和感受中国文化的内涵与魅力，增强民族自尊心和文化自豪感，并能很好地继承和弘扬中国文化，创造未来中国特色的先进民族文化，引领中华民族走向伟大复兴，在未来世界的舞台上，在中华复兴的绚丽之梦里，展现出龙飞凤舞的独特魅力。

石刻古籍——古代碑石

古代华表

　　华表是我国古时宫殿、宗庙、亭榭、坟墓等建筑前面的一种柱形标志，原为木制高柱，其顶端用横木交叉成十字，似花朵状，起特殊标志作用，因此称为"华表"。

　　华表是我国一种传统建筑形式，相传华表既有道路标志作用，又有为过路行人留言的作用。

　　华表在我国由来已久，其精致壮观外形以及深刻寓意，是我们祖先一代代心血和才智凝成的结晶，是我国传统文化的标志符号之一。

帝尧为博采众谏缔造诽谤木

在原始社会时期，大地上没有道路，原始人出去狩猎或采摘，往往找不到回"家"的路。于是，部落首领帝尧就派人在大家活动的地方立了一些带指示的小树杈，小树杈一边指着"家"的地方，一边指着狩猎或采摘的地方。这样，小树杈就成了识别道路的标志。

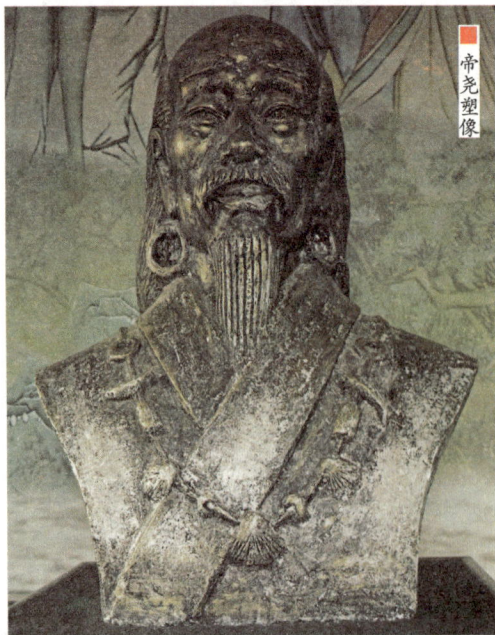

帝尧塑像

随着人们活动范围的扩大，有人在地上立个小木棒，并在小木棒上面绑着一个横杠，横杠一边指着"家"，一边指着活动的地方。

可是地上立的小树杈或小木棒多了，人们又搞不清楚哪个是指的自己的"家"了。于

■ 帝尧 姓伊祁，名放勋，史称唐尧。他15岁时在唐县封山下受封为唐侯。20岁时，其兄帝挚为形势所迫让位于他，成为我国原始社会末期的部落联盟长。他的品质和才智均非凡绝伦，他即位后，使得部落局面大变，使得天下安宁、政治清明、世风祥和。

是，有人就在上面画个记号，用以提醒自己。

帝尧看到小树杈和小木棒上各种各样的记号，觉得这样能够表达每个人的意思，于是他让人们在上面写对部落的意见或自己的要求。一时间，人们提出了很多意见，帝尧非常虚心听取并采纳，极大地促进了部落的安定和发展。

擎天之柱

古代华表

后来，人们就把这种具有指示和表达意见的小树杈或小木棒叫作"桓木"或"表木"，因为古代的"桓"与"华"音相近，所以慢慢便读成了"华表"。这华表当时也被称为"诽谤木"，当时"诽谤"一词不是贬义诋毁的意思，而是议论是非的意思，就是人们可以随便利用"诽谤木"发表议论和看法等。

帝尧为什么要求人们用"桓木"来向他表达意见呢？据说，他是吸取了他的前任挚帝的教训。据史料介绍，尧的帝位是从挚帝手中接过的。尧的兄弟中挚是老大，所以尧的父亲帝喾去世后，挚就顺理成章地登上了帝位。

但是，这位帝挚非常残暴，他一登上王位就任用了三苗、狐功等几位大臣。三苗等大臣提出的执政理念是人民必须服从大王，否则就是不忠。

荣耀的牌匾

■ 大舜铜像

这种理念引起了人们的不满，所以，挚没有当几年的帝王，人们便拥护唐侯当上了帝王。

这位唐侯便是后来的帝尧。当了大王的尧认真总结了兄长挚执政失败的教训，他决心治理好天下。

他认为，一个人的知识有限、见闻有限，他想让天下广众和身边朝臣，知无不言、言无不尽地来议论国事。但刚刚经历了挚的禁锢，敢开口放言的却寥寥无几。

为了改变这种状况，据有关典籍记载，尧便在他议事的大厅前，"置敢谏之鼓，使天下得尽其言；立诽谤之木，使天下得攻其过"，并广而告之，要大家都对天下大事评头论足，即便是说错了，也赦免无罪。为此，在尧当上大王后不久，在他办事的宫门前，便树立起了一根很大的木柱，木柱上还安了一个横杠，横杠就指着帝尧办事的宫殿，意思就是向尧提意见。

尧宣布谁有意见不仅可以在到处插立的诽谤木上写出来，还可以站在他宫门前的大木柱下发表演说，或者直接把意见刻写在大木柱上，哪怕是说错或者写错，也没事儿。敢谏之鼓也一样，就是安放一面大鼓，要提意见的人便击鼓告知。

据说，后世衙门前的升堂鼓

就是这么演变来的。而这里的
这根木柱，便是诽谤木。这块
木头最初的形状是以横木交柱
头，样子像桔槔。

桔槔是古代吸水的工具，
是一根长杆，头上绑着一个盛
水的水桶，所以华表最初的形
式就是头上有一块横木或者其
他装饰的一根木柱。

■ 舜帝塑像

关于诽谤木成为后来华表
的事，在后来晋朝太傅崔豹的《古今注》中这样记载：

程雅问曰："尧设诽谤之木，何也？"

答曰："今之华表木也。以横木交柱头，状若花也。形
似桔槔，大路交衢悉施焉。或谓之表木，以表王者纳谏也。
亦以表识衢路也。"

再说，自从帝尧使用了诽谤木以后，大家渐渐便知道了帝尧的贤
明，敢于大胆说话和谏议国事。尧广泛听取采纳众人意见，不断改进
治理的方法。

其实，诽谤木的设立更是原始民主制的体现。据说，尧的作风很
民主。在一次会上议事，帝尧提出："谁可以带领平民治水？"

众臣说："鲧可以。"

帝尧觉得鲧高傲自大，听不进去别人的意见，不可重用，然而四
岳坚持让试用。四岳是德高望重的首领，帝尧虽然有不同看法，却尊
重四岳的意见，让鲧领命治水。后来的事实证明，鲧没能制服洪水，

大禹治水壁画

辜负了大家的厚望，结果，洪水更加凶猛了。

到了晚年，帝尧感到精力不济，就让大家推荐个继承人，四岳推荐了舜。

帝尧问："这人怎么样？"

四岳回答："舜的父亲心术不正，后母说话不诚，弟弟加害于他，他仍能同他们和谐相处，治理国家不会错吧！"

帝尧并没有因为四岳举荐错了鲧，不再信任他们。而是一如既往，虚心听取他们的意见，并起用了虞舜作为自己的接班人。后来，虞舜终于不负所望，成为继尧以后的又一位贤明的帝王。

如此看来，竖诽谤之木也好，设敢谏之鼓也好，其实只是一种标志，关键在于帝尧心目中有一把民主治世的标尺，而最早的诽谤木，便是这种民主标志的事物体现，也是提醒古代帝王勤政为民的标志。

由于帝尧作风民主，大众畅所欲言，才治理得国泰民安、天下太平。为此，尧统治期间，成为后世子孙向往的好年头，被后人称为"尧天舜日"。

后来，禹因为治水有功，舜便将帝位禅让给了禹。禹当上帝王后，更加重视民意，大力鼓励人们利用诽谤木向他提意见。为此，他还在原来宫殿前的诽谤木旁边增加了两根，这样他的宫殿前就有三根诽谤木。三表示多的意见，三根诽谤木都指向禹办公的宫殿，就是让更多的人向他提更多的意见。

禹虚心听取并广泛采纳人们的意见，因此把整个社会治理得更加美好。禹去世后，人们为了纪念他，就在他的陵墓前竖立了三根华表柱，三根华表柱都指向禹的墓头，意思是禹非常重视人们的意见啊！

阅读链接

尽管我国早期的华表被认为是用于尧、舜为了纳谏而设立的木柱，但也有一些不同的说法：

一种说法认为，华表起源于远古时代部落的图腾标志。华表顶端有一坐兽，似犬非犬，它叫作"犼"，民间传说这种怪兽喜好望。远古时的人们都将本民族崇拜的图腾标志雕刻其上，对它顶礼膜拜。历史进入封建社会，图腾标志渐渐在人们心中淡薄，华表上雕饰的动物也变成了人们喜爱的吉祥物。

另一种说法认为，华表是由一种古代的乐器演变而来。这种乐器名为"木铎"，是一种中间细腰，腰上插有手柄的体鸣乐器。先秦时，一代天子征求百姓意见的官员们奔走于全国各地，敲击木铎以引起人们注意。后来，天子不再派人出去征求意见，而是等人找上门来，将这种大型的木铎矗立于王宫之前，经过演变，就成了华表。

东汉时成为传统装饰石柱

汉代承露台

　　古代资料显示，尧舜禹时期的诽谤木是木制的，这种木制柱头立在露天，经不住长年的风吹雨淋，很容易损坏。于是，至汉代时，木柱逐渐被石头柱子所代替，但是它的形状还是维持着木柱子的式样，细长的柱身，柱头上有一块横板，这就成了华表最早的，也是最基本的形式。

　　与此同时，汉代以后，华表本身的造型也日臻精美。例如，顶端加了云板、承露盘、犼，柱身加上蟠龙等纹饰。

其中，华表上的"承露盘"纹饰据说和汉武帝有关。

汉武帝在世时，曾命人在汉朝宫殿的神明台上立一铜铸的仙人，双手举过头顶，托着一个铜盘，承接天上的甘露，以为人喝了甘露便可长生不老。

这自然是无稽之谈，但后来这种形式却流传下来，并且取消了仙人，简化为柱子上面放一只圆盘，便是华表上后来形成的"承露盘"。

■ 汉代华表铜人承露台

由于华表上的纹饰越来越多，它的形象越来越美，于是它的应用范围也越来越广。后来，人们在宫殿、桥梁、陵墓、城垣的前面都立了这种建筑。

又因为这种建筑上面有一个"承露盘"的装饰，柱头上还有一块横板，远远看上去就像一束花朵一样，为此，人们称它为"华表"。

但是，又由于它后来广泛使用于宫殿、桥梁、陵墓等地，为此，人们又称它为神道柱、擎天柱、万云柱、石望柱、表、标、碣等。

在我国后来保存最完整的一套神道柱为"秦君神道柱"，此石柱出土于石景山区永定河故道，共有两

蟠龙 是指我国民间传说中蛰伏在地而未升天之龙，龙的形状做盘曲环绕。在我国古代建筑中，一般把盘绕在柱上的龙和装饰在梁上、天花板上的龙均习惯地称为蟠龙。传说中，蟠龙是东海龙王的第十五个儿子，他时常偷跑到人间游玩，当他看见人间遭遇干旱，他便使用法术帮助人们，从而得到人们的敬仰。

荣耀的牌匾

■ 唐高祖献陵前的华表

件，建造于公元105年。

秦君神道石柱柱顶佚失，柱身及柱础完整。两件规格相同，通高2.25米，四方形柱额长0.48米，宽0.43米。柱身雕通长直线竖纹，柱上部雕两只螭虎盘于柱侧承托柱额。

额上为汉隶竖刻3行，第一行和第三行每行4个字，第二行3个字，内容相同，为"汉故幽州书佐秦君神道"。

根据秦君神道柱可以看出，汉代的神道柱有3个部分：一是下部基座，即柱础；二是中部柱身，柱身上部有长方形石额刻字，额下有的饰以浮雕；三是柱顶部圆形上盖，盖上往往立有雕刻成动物或人物形状的墓镇。

除了汉代保留下来的秦君神道柱，在唐高祖李渊献陵和高宗李治乾陵前，也有几对雕刻工艺精巧、造型美观的华表柱。

其中，献陵的华表位于内城南门外100米处，整个石刻品类极简，但雕刻艺术价值很高，浑厚质朴，造型刚毅，健壮粗犷，豁达昂扬。

如华表座上浮雕的龙纹和顶上圆雕的狻猊，用笔十分简洁，赋形又极为生动。圆雕的狻猊，形体高大，用写实的手法镌刻出猛兽的形象，粗壮的躯体，简练的线条，追求逼真而不注重外表的装饰，既刻画出兽性，又不致让人望而生畏，且能逗人喜爱，这是唐陵石雕艺术的代表和精品。

同时，华表基座细节部分虽然残破，但依然看得出当年的精美华丽。

乾陵内最为著名的华表位于陵墓前东西两乳峰之间，下临一色富平墨玉石铺就的石阶路，华表后面是百余件巨型石雕群，华表骤然挺立于前，标志着乾陵司马道从这里起步。

这对华表高8米，直径1.12米，由双层方形基座、覆盖莲柱座、八菱形柱身、昂喷莲顶座及圆石5部分组成，柱身上下交接处雕有莲瓣，中间刻有蔓草，石榴花纹，柱顶桃形。

柱身各面采用石刻画中的减底笔法，刻着象征吉祥的海石榴纹，其余三面，因风雨侵蚀，上面的花纹已无法辨认。

据说，柱座和柱顶之所以要雕刻成莲瓣形，是因为唐代是以佛教为国教，而在佛教中莲是佛门善的象征，又因莲与怜谐音，所以在佛教信徒中，莲象征着

■ 唐乾陵前的华表

司马道 又称"神道"，是陵前修建的道路，与墓道不同，谓神行之道。主要是秦汉以后，墓主建造陵园之后引导接近陵冢的道路。墓道是指修建墓葬时便于行人上下和随葬品出入而修的道路，多为斜坡状或台阶状。在墓葬封土以后，墓道也随之掩埋。故墓道只能存在于封土之下，无法看见。

佛以慈悲为怀，肩负普度众生的宏任。

华表的顶端球形圆石，则是天降甘露的象征。这块圆石，从造型上来看也恰似一颗硕大的盈盈露珠，被一朵莲花高高托起，它既是源于远古，用来指示陵墓位置的显著标志物，又是具有一定象征意义的陵墓装饰物。

这两根华表性体之高，居所有石雕之首，各用一块天衣无缝的巨石雕琢而成，浑然一体，给陵园平添了几许庄严肃穆的神圣气氛。

在乾陵，除了司马道前面的这两根外，其陪葬墓三王、两太子、四公主墓前也分别有两根华表，而八朝臣墓前则未见设立，这说明，乾陵华表除了以上两种意义外，还有表明墓主人身份的作用。

另外，从古籍中我们还知道，在汉代时，人们还在邮亭的地方竖立华表，让送信的人不致迷失方向。

这样一来，从汉代起，华表由早期的诽谤木逐渐发展成为桥头和墓地等设置的小型装饰建筑品，它一方面仍有标志的作用，但更主要的是演变成了一种"华饰屋之外表"的装饰物了。

阅读链接

我国的华表从汉代时起，便成为建筑群中的一种装饰品，在它由诽谤木演变成装饰石柱的过程中，还曾经发生过一件事。

那就是，在秦始皇时代，为加强专制统治，秦始皇废除了诽谤木，直至汉代才又恢复了这一建筑，称作"桓表"。但是，由于封建帝王不爱听批评，不准人民提意见，因此桓表逐渐成为街心路口的路标，后来又变成一种石雕艺术，作为建筑物的装饰品。

明永乐年间建成天安门华表

1417年，明朝的第三位皇帝朱棣命人在北京修建了著名的紫禁城。在修建紫禁城期间，明朝皇帝还命人在紫禁城的正门承天门的前后各修建了一对巨大壮观的华表。

这里的承天门便是后来著名的天安门。其中，天安门前的华表柱身上雕刻着蟠龙，柱头上立着瑞兽，它们和天安门前的石狮子以及两侧的金水桥一起烘托着这座皇城的威严气势。

这两个华表间距为96米，每根华表通高为9.57米，其直径为0.98米，重约2万多千克。华表以巨大高耸的圆柱为主体，通身塑有缠柱云龙，柱上顶部横插着一块云形的

天安门广场华表

荣
耀
的
牌
匾

长片石,远远地看上去,好像柱身直插云间,给人一种庄严的感觉。天安门的华表分为3个部分:基座、柱身和柱头。

华表的基座称为须弥座,这是借鉴了佛教造像的基座形式,而且在基座外添加了一圈石栏杆,栏杆的四角石柱上各有一只小石狮,头的朝向与上面的神兽相同。栏杆不但对华表起到保护作用,还将华表烘托得更加高耸和庄严。

华表的柱身呈八角形,一条巨龙盘旋而上,龙身外布满云纹,汉白玉的石柱在蓝天白云的衬托下真有巨龙凌空飞腾的气势。柱身上方横插一块云板,上面雕满祥云。

华表的柱头顶部是一个承露盘,盘上雕刻有一个蹲着的神兽,栩栩如生,人们称这神兽为"犼"。

犼,只是个传说神兽,我国古书上说它是一种似狗而吃人的北方野兽,俗称为"望天犼""朝天犼";还有传说它是龙王的儿子,有守望的习惯。

天安门华表柱顶上的朝天犼对天咆哮,被视为上传天意、下达民情。又有文献记载,地藏王菩萨的坐骑即为朝天犼。

天安门前那对华表上的石犼,面向南,望着皇宫外。在古老的传说中,人们把天安门前华

■ 天安门广场华表

表上蹲着的两个石犼叫作"望君归"。据说，它们经常注视着皇帝出外时候的行为，盼望皇帝早日回宫，不要老在外面寻欢作乐。

当皇帝外出游玩久久不归的时候，"望君归"就说话了："国君呀，你不要老在外面游逛了，你快回来料理吧！我们两个犼盼你回来，把眼睛都快望穿了。"

在天安门的里边还有两座同样的华表，顶端也蹲立着石犼。不过，天安门外华表上的石犼面向南，而天安门里边的石犼面向北，朝着宫殿的方向。

据民间传说，这两只犼经常注视着深居宫禁的帝王的行动，并劝诫帝王说："君主啊，你不要老是待在宫殿里，只顾和后妃取乐。你也该经常出来到民间走一走，了解一下民情。我们两个犼天天盼你出来，把眼睛都快望穿了！"

所以，人们又把这两只石犼叫"望君出"。由于"望君归"和"望君出"蹲在华表顶上，所以天安门的华表又叫作"望柱"。

其实，华表上的犼只是一个高高在上的石头，唯一的功能是"望"。住在皇宫内的皇帝们根本不理会它的职能，从入住在紫禁城的第一位皇帝朱棣到最后的皇帝溥仪，没一个人听它的。

因此，这些广泛流传在民间的"望君归"和"望君出"的故事，既表现了人民对用自己双手建筑起来的美丽华表的深厚感情，同时也表达着人民企盼明君的朴素愿望，以及对于昏君治国的不满。

另外，制作天安门石狮子、华表、金水桥栏杆的汉白玉，实际上是大理石的一种。这是一种著名的石雕材料，产于北京市房山县。

汉白玉以纯洁雪白者居多，方解石结晶较好，磨光后晶莹似玉，质地细致均匀，透光性好。我国古代的石雕，如隋、唐的大型佛像，都喜欢用汉白玉制作。

据说，当年修建天安门时，为了运输这些白玉石，在修好的运输道路上浇水成冰，形成冰道，万人拖着大石块在冰上滑运来到北京，非常不容易。

当年，这两对华表修成后，与巍巍壮丽、金碧辉煌的故宫建筑群浑然一体，既使人感到一种艺术上的和谐，又感到历史的庄重和威严。

为此，可以说，天安门华表当推为我国所有的华表之冠，它实际上已经和中华民族，和我国古老的文化紧密相连，从某种角度上也可以说是中华民族的一种标志。

阅读链接

据说，今天天安门前那对华表所矗立的地点并非明清时期的位置。当时，它们的位置比现在更为靠前。

1950年，天安门广场需要扩建，因此要将这对巨大的华表向后移动6米。可这对华表重达2万多千克，而且在搬动时又不能使它的精美的雕刻受到损伤。于是，如何移动这对华表便成了一个大难题。

建筑部门在清宫档案材料里发现了15岁就进入内务府营造司房库，其祖上五代都为宫廷建筑搭架子，曾经给皇宫安上过高大的梁枋的搭材匠徐荣。

此时，徐荣已经有64岁了。他靠着搭材匠、石匠、木匠等人灵巧的手，只是使用简单的杉篙杆子、麻绳和吊链，就将偌大的两个华表换了地方，而且式样和原先不差分毫，安装得十分合榫。并最终形成了后来的天安门前华表格局。

华表的这一次完整移动，堪称是一个奇迹。

我国其他地区的著名华表

我国古代的华表是用来上达民意的，有监督作用，皆为木制，而使用石柱做华表则盛行于东汉时期。后来，华表的监督作用消失了，只是竖立在宫殿、桥梁、陵墓、城门前等的大柱，作为纪功、装饰、标志等作用，成为我国传统建筑的一种装饰品。

为此，当华表成为一种装饰建筑以后，后来的历代帝王都喜欢在自己的宫殿或者陵墓等处修建这一特殊建筑。

■ 北京大学的华表

清东陵孝陵华表

在我国，除了在唐高祖李渊献陵和高宗李治乾陵前，以及在天安门前有华表，在明代十三陵、清代东陵、清昭陵、清西陵以及卢沟桥和北京大学等处也可以见到华表。

明代十三陵位于北京市昌平区天寿山南麓，是明朝13个皇帝的陵墓群。在这里，共有两对汉白玉雕成的华表，位于长陵神功圣德碑亭的四角处。4根华表对称而设，每根华表通高为10.81米，其顶部各有异兽一尊，面南者称"望君出"，面北者称"望君归"。每座华表上共刻有41条龙。

清东陵也称"福陵"，位于辽宁省沈阳东郊的东陵公园内，是清太祖努尔哈赤和孝慈高皇后叶赫那拉氏的陵墓，因地处沈阳东郊，故又称"东陵"。

清代东陵是我国聚集华表最多的地方，共有12根。

其中两对位于亭外广场的四角，这是4根白色大理石雕刻的华表。每根华表由须弥座、柱身、云板、承露盘和蹲龙组成。

柱身上雕刻着一条腾云驾雾的蛟龙，屈曲盘旋，奋力升腾，寓动于静，栩栩如生。八角须弥底座和栏杆上亦雕满了精美的行龙、升龙和正龙，一组华表上所雕的龙竟达98条之多。

另一对华表位于东陵大红门前，底座是3层莲花座，长、宽各0.92米，高1米，柱体为八角形，围长0.55米，通体浮雕云纹及龙蟠

荣耀的牌匾

柱、顶部横插有云板，东端华表刻有"日"字，西端刻有"月"字。

顶部是"天盘"，上有坐犼一只，样子似大非大，身有麟甲，长尾与鬃发相连，浑身瘦骨嶙峋，做昂首翘尾引颈高鸣状。

古人说：犼"似犬，食人"。由于此兽猛烈异常，所以刻在石柱上要它守陵，其朝向有的面北，有的面南。

在清东陵石兽群的前后部位，也分别有两对华表。这两对华表样式较为古朴，座为方形，须弥座，束腰是八角形，分为上、下两层，上面雕刻有吉祥图案，上层图案有如意、猴、鹤、松、神鸟、山石、祥云、月、牡丹、狮、灵芝。下层图案有口衔灵芝的仙鹿、松、猴、蜂、官印、麒麟、犀牛、月、龙、狮、天马、虎，寓意"松鹤延年""封侯挂印"

■ 白云观华表

"太师少师""吉祥富贵"等。在各个角之间用竹节式纹饰为间隔。柱体为八角形，上面浮雕为祥云和蟠龙。

据说，清东陵内的这些华表建造于1650年，据《清奇世祖实录》记载：

顺治七年四月己酉：在福陵立"擎天柱四，望柱二"。

清昭陵是清朝第二代开国君主太宗皇太极以及孝端文皇后博尔济吉特氏的陵墓，位于辽宁省沈阳市古城北约5000米处，因此也称"北陵"，是清初"关外三陵"中规模最大、气势最宏伟的一座。

清昭陵的华表柱共有3对，一对在昭陵大红门外，距下马碑不远的地方；一对在石象生之前；再一对在神功圣德碑碑亭之前。

3对华表样式有相同之处，也有不同之处。它们的底座都是六角形须弥座，须弥座的上下枋及束腰部位刻有云龙、仰俯莲等纹饰。

柱体有的是六角形，有的是圆柱形，但上面的浮雕一样，都是云龙蟠柱纹。雕刻有形象生动的巨龙，在浓

■ 清西陵的华表

密的云水间仿佛在盘旋升腾；云板横插在接近柱体的顶端，是一块长三角形石板，云板上刻有密集的云纹，有的云板还刻有"日"及"月"二字。在柱体顶部有一圆盘叫"天盘"，天盘之上为柱顶。

清西陵内的华表柱共有两对，位于西陵正方形广场的四角。 4座华表同样也是白玉石雕，石柱拔地而起，直刺青天；石柱周身浮雕着朵朵云团，一条巨龙于云朵之间盘绕柱身扶摇而

清西陵华表

上；柱身底部雕有海浪巨岩，顶部龙首处东西向横插着镂雕的如意云板；云板上端为莲纹柱顶，圆形顶盖上蹲踞着一尊昂首翘尾、引颈嘶鸣、似犬非犬、遍体甲麟、极具力度和美感的珍奇怪兽望天犼。

在每个华表的八角莲花须弥座四周，还有一个精致的汉白玉护栏，将华表柱保护起来。

除了这些皇帝陵内的华表，在我国的卢沟桥两头也有华表4座。4座均高4.65米，石柱上端横贯着云板，柱顶有莲座圆盘，圆盘上雕有石狮子，庄严秀美，气势非凡。

在我国众多的华表中，北京大学的一对华表也非常著名。

这对华表在北大校园办公楼前，它们均由汉白玉雕成，通高约8米，下方的八方形、须弥座高为1.24米。华表柱身刻有云彩和姿态各异的蟠龙，是凝结了我国雕刻艺术、极具美学价值的精品。

这两座华表来自何处呢？说起来这其中还有一段典故。原来这两

座华表是圆明园安佑宫中的遗物之一，当年被安放在安佑宫琉璃坊前。在清末民初崇彝的《道咸以来朝野杂记》中有记载：

鸿慈永祜，在月地云居之后，循山径入，其中为安佑宫，乾隆七年建，其前琉璃坊三座，左右华表刻云气，甚精巧，民国十四年犹及见之。闻人言：今已为燕京大学所取。

　　根据这段记载推测，这两座华表应当建于1742年。至于如何从圆明园移到北大校园，据当年的《燕京大学校刊》记载，这是燕京大学建校初期移至此处的。这对华表历经百年沧桑，给古老而年轻的北大校园增添了几分典雅与庄重。

阅读链接

　　据说，在北大校园内的这对华表，是一粗一细，并非标准的一对。这是为什么呢？

　　原来，在1925年燕京大学建校舍时，只从圆明园运来了3根，第四根却被运到北京城里。1931年，第四根华表曾横卧在天安门前道南。

　　后来，当北京图书馆建文津街新馆时，人们想要将燕大多余的一根华表搬走与天安门前道南的另一根合成一对，并一起移到北京图书馆前。不料，在搬运时阴错阳差，结果燕大和北图的华表皆不成对，成就了这一桩趣事。

　　再后来，人们把燕大内剩下的这对华表，一齐移到了办公楼前面，形成了现在人们看到的样子。而另外的两根华表，则一根放了北海公园，一根放在了中山公园。

古代牌坊

　　牌坊，是封建社会为表彰功勋、科第、德政以及忠孝节义所立的建筑物。也有一些宫观寺庙以牌坊作为山门的，还有的是用来标明地名的。又名牌楼，为门洞式纪念性建筑物，宣扬封建礼教，标榜功德。

　　牌坊也是祠堂附属建筑物，昭示家族先人的高尚美德和丰功伟绩，兼有祭祖的功能。

　　牌坊从产生，到形制成熟，到种类众多，繁荣兴盛，由结构简单到结构繁复，由形制单一到形制多样，经历了一个漫长的演变发展过程。

由衡门演变而来的古老建筑

■ 三坊七巷

牌坊，是我国封建社会为表彰功勋、科第、德政以及忠孝节义所立的建筑物。也有一些宫观寺庙以牌坊作为山门的，还有的是用来标明地名的。老百姓俗称它为"牌楼"。

其历史源远流长，关于它的来历，有两种说法：

一种说它是由棂星门衍变而来，开始用于祭天、祀孔。棂星原称灵星，灵星即天田星，为祈求丰年，汉高祖规定祭天先祭灵星。宋代

则用祭天的礼仪来尊重孔子，后来又改灵星为棂星。

■ 大禹陵石牌坊

另一种说法则认为它是由衡门衍变而来的，在我国春秋时代的作品《诗经》中，便有相关介绍：

衡门之下，可以栖迟。

《诗经》大抵是周初至春秋中叶的作品，由此可以推断，"衡门"在我国的春秋中叶便已经出现了。

据说，最早的衡门是以两根柱子架一根横梁的结构存在的，因为它的形状更接近于后来的牌坊样子，人们便称衡门为牌坊的老祖宗了。

那么，"牌坊"的名称又是怎样产生的呢？

据说，这和我国古代的"里坊制度"有关。在唐代，我国城市采用里坊制，城内被纵横交错的棋盘式道路划分成若干块方形居民区，这些居民区，唐代称

汉高祖 刘邦，汉朝开国皇帝，在位8年。谥号"高皇帝"。我国历史上杰出的政治家、战略家。公元前202年，刘邦于荥阳汜水之阳即皇帝位，定都长安，史称西汉。他在位期间规定，祭天先要祭灵星，并命人修建了灵星祠。

荣耀的牌匾

有乌头的棂星门

为"坊"。坊是居民居住区的基本单位，坊与坊之间有墙相隔，坊墙中央设有门，称为"坊门"。

后来，随着经济的发达和城市建设的繁荣，人们对坊门的建造也就逐渐讲究起来。于是，产生于上古时代，至隋唐时已演化得雕工相当精致、形制赫然华贵的华表柱也被人们移植到了坊门上来，成为坊门左右两边的两根立柱。

这样一来，坊门原先颇为简单的两根立柱，被两根雕饰华丽、形制威武的华表柱所取代，由两根高过门顶的高大华表柱中间相连一两根横梁及门扇组合成一种新式样的门，这种门称为"乌头门"，以后也被称为"棂星门"。

在我国现存的古代典籍中，最早出现"乌头门"之名的是北魏杨衒之的《洛阳伽蓝记》，当时著名的庙宇永宁寺的北门即"乌头门"。

至宋代时，在古籍《册府元龟》中，更是有对

上古时代 是指文字记载出现以前的历史时代。世界各地对上古时代的定义也因此而不同。在我国上古时代一般指夏以前的时期。因为上古时代没有当时直接的文字记载，那个时候发生的事件或人物一般无法直接考证。

"乌头门"的明确记载，书中说道：

> 正门阀阅一丈二尺，二柱相去一丈，柱端安瓦筒、墨染，号乌头染。

同时，在宋代李诫的《营造法式》中，还有对如何建造"乌头门"做了详细规定和介绍，书中写道：

> 其名有三，一曰乌头大门，二曰表揭，三曰阀阅，今呼为棂星门。
>
> 造乌头门之制，高八尺至二丈，广与高方，若高一丈五尺以上，减广不过五分之一，用双腰串，每扇各随其长于上腰，中心分作两分，腰上安子桯棂子，腰华以下并安障水版……
>
> 挟门柱方八分，其长每门高一尺则加八

《册府元龟》

北宋四大部书之一。1005年，宋真宗赵恒命王钦若、杨亿、孙奭等18人一同编修历代君臣事迹。"册府"是帝王藏书的地方，"元龟"是大龟，古代用以占卜国家大事。意即作为后世帝王治国理政的借鉴。由于该书征引繁富，也成为后世文人学士运用典故，引据考证的一部重要参考资料。

■ 玉溪文庙棂星门

文庙 是纪念和祭祀我国伟大思想家、教育家孔子的祠庙建筑，在历代王朝的更迭中又被称作文庙、夫子庙、至圣庙、先师庙、先圣庙、文宣王庙，这些名称中尤以文庙更为普遍。在我国古代建筑类型中，文庙堪称最为突出的一种，是我国古代文化遗产中极其重要的组成部分。

■ 哈尔滨文庙棂星门

寸，柱下栽入地内上施乌头。日月版长四寸广一寸二分厚一分五厘。

从这些记载中，我们可以清楚地看到，宋代的乌头门即华表与坊门的结合物。由于"乌头门"华贵庄重，气势威严，就被当时有地位、有权势和有钱的大户人家纷纷用作建造府第大门。

后来，由于民间建造这个门的人越来越多了，以至于官府无法分辨哪些是富商住的屋子，哪些是官员住的屋子。为此，唐宋统治者不得不对乌头门的使用做了限制，如在《宋史·舆服志》中规定："六品以上许做乌头门。"

由于乌头门含有旌表门第之意，因此乌头门在宋代的《营造法式》中又被称为"阀阅"。之所以这样称，是因为"古者以积功为阀，经历为阅"。

由于乌头门起了标榜"名门权贵、世代官宦"之家的作用，因此成了上层等级的代名词，后世所称的"门阀贵族""阀阅世家"也即由此而来。

从古籍中，我们还知道，乌头门是唐以前通常用的称呼，但宋以后乌头门这个名称便日渐少用了，而被棂星门这一称呼所取代。

据史籍记载，棂星即"灵星"，又称"天田星"。北宋时，宋仁宗营建了用于祭天地的"郊台"，设置"灵星门"。因门系木制，门上有窗棂，为区别于"灵星"，故又称作"棂星门"。

如此可以看出，棂星门其实是牌坊演变过程中的一个阶段。同时，由于其威严、庄重、气派，得到人们的青睐和重视，因而也被作为牌坊的一个血缘分支保存延续下来。

自宋代以来，棂星门常常被用于建造文庙、佛寺、道观、陵墓等庄重场所的正门。而在这些场所建造的棂星门往往只起一个标志作用而并不需要起什么防卫作用，因此棂星门上的门扇可装可不装。于是，这些棂星门就只剩下了华表柱和作为额枋的横梁。

因华表柱远远高出额枋，所以人们就将其称为"冲天牌坊"，成为后来牌坊中的最主要的形制。

而另一些坊门，没有用高耸的华表柱来替换坊柱，而是吸纳了"阙"的形制特点，在额枋和柱顶上加盖了楼顶，从而形成了柱子不出头的屋宇式牌楼。

然而，尽管棂星门和屋宇式牌楼比原先衡门式的坊门要美观得多，但其各自都有局限。前者只有华表柱而无楼顶，后者只有楼顶而无华表柱，于是人们想出了两全其美的办法。

一方面，将坊柱换成高高的华表柱，同时又不在枋柱顶上盖楼顶，而是在华表柱一侧的额枋上盖楼顶，这样就形成了既有华美的楼顶，又在楼顶上露有高高的华表柱的牌坊建筑。

另一方面，牌坊在形制演变的同时，建筑材料也在不断发展变化。起初，牌坊是木构建筑，但后来为了追求庄重威严、坚实纯美和能长久保存，遂由木柱发展为石、砖、汉白玉、琉璃等。

明清代以后牌坊发展除以繁密的构架尽力表现结构自身完美之外，还以精湛的技术雕刻各式各样的图案，采用不同的色彩来表达牌

荣耀的牌匾

■清东陵牌坊

南京朝天宫棂星门

楼的艺术。至此，牌坊可以说发展到了鼎盛时期。

我国的牌坊，按名称和功能分，有功德牌坊、忠正牌坊、功名牌坊、官宦名门牌坊、孝子牌坊、贞节牌坊、仁义慈善牌坊、百岁寿庆牌坊、历史纪念牌坊、学宫书院牌坊、文庙武庙牌坊、衙署府第牌坊、地名牌坊、会馆商肆牌坊、陵墓祠庙牌坊、寺庙牌坊、名胜古迹牌坊等。这些牌坊主要起着褒奖教育、炫耀标榜、纪念追思、风俗展示、装饰美化、标志引导等作用。

阅读链接

据说，在我国古代，牌坊与牌楼是有显著区别的，牌坊没有"楼"的构造，即没有斗拱和屋顶，而牌楼有屋顶，它有更大的烘托气氛。

但是，由于它们都是我国古代用于表彰、纪念、装饰、标志和导向的一种建筑物，而且又多建于宫苑、寺观、陵墓、祠堂、衙署和街道路口等地方，再加上长期以来老百姓对"坊""楼"的概念不清，所以到最后两者成为一个互通的称谓了。

以表彰忠孝节义的节孝坊

　　在我国，除了众多的用于宗教祭祀的庙宇牌坊，还有许多用于表彰忠、孝、节、义等伦理道德的节孝牌坊，这些节孝牌坊主要建立在街道中间或者路口，有的是为家庭旌表本族先贤而建，有的则为朝廷

■ 康家节孝坊

■ 节孝牌坊

或当地官府为旌表贤臣，在忠、孝、节、义上有成绩的人而立。

最为著名的有安徽省歙县叶氏贞节木门坊和黄氏孝烈砖门坊、歙县棠樾牌坊群、山东省单县百寿坊和百狮坊、江苏省无锡市华孝子祠四面牌坊、江苏省徐州市权谨牌坊、梅溪牌坊、江苏省响水县孝子坊、河北省衡水市蔡氏贞节牌坊、江苏省铜山县郑杨氏节孝坊和郑彭氏节孝坊等。

歙县叶氏贞节木门坊和黄氏孝烈砖门坊，在歙县斗山街内，这两座牌坊，一南一北，一木一砖，均非常的简陋。

叶氏贞节木门坊在斗山街南口不远，宽约4米，高约6米，始建于1391年。此坊是双柱一间三楼，横枋以上为木制，顶覆小瓦，额题有"旌表江莱甫妻叶氏贞节之门"字样。

歙县 是我国安徽省黄山市下属的一个县，秦置歙县，至今有2200多年历史。属古徽州六县之一，徽州文化的发祥地之一，古代为徽州府治所在地，是徽州文化及国粹京剧的发源地，也是徽商的主要发源地，是文房四宝之徽墨、歙砚的主要产地。

据说，现存的牌坊为清乾隆年间重修，龙凤板上原来还有"圣旨"两字。横枋以下为砖砌，门是假门，但刻画得非常逼真。

此牌坊的主人叶氏25岁丧夫守节，尽心侍奉婆母，抚养继子。

元末兵乱时，叶氏携婆母避难山中，于极端困苦中侍奉在侧，极尽周全。数十年下来，不仅将继子抚育成人，婆母也身体康泰寿高百岁，叶氏自己也得高寿，可谓善有善终。为此，她的后人便禀明圣上，为她修建了这座节孝坊。

此外，在当地还有一种传说称，这位叶氏曾是明朝开国皇帝朱元璋的救命恩人，朱元璋当上皇帝后，便命人为叶氏建立了这座牌坊。

在歙县斗山街的北端处，是一座青砖砌就的黄氏节烈坊，此坊建于1650年。此牌坊四柱三间三楼，宽6米，高7米，当心间原辟有门，后封砌。

在牌坊的额坊处写有"旌表清故儒童吴沛妻黄氏孝烈之门"15个字。在此字上面的石质龙凤板上，原来还有"圣旨"二字，由于时间的变迁，现在已经难觅踪影。牌坊两侧还有两行题字，现在也已经看不清楚了。

安徽歙县黄氏节烈坊

关于此牌坊的来历，据县志里记载，这位黄氏是一位10多岁的姑娘，本来是要嫁给黄家后人的，结果，在成亲前，她的未婚夫却不幸死掉了，黄氏便绝食而亡。

黄家人为了纪念她，

便上报朝廷，为她修建了这座牌坊。

■ 棠樾村牌坊

在歙县，除了斗山街这两座著名的牌坊，还有一个棠樾牌坊群，位于由黄山市市区前往全国历史文化名城歙县的途中，离黄山市屯溪区约26千米，离歙县县城约5000米的郑村镇棠樾村东大道上。

棠樾村的"棠"字主要有两解，一解为棠梨树，又名杜树，为高大乔木；二解为海棠树，为落叶小乔木。"樾"字是树荫的意思。"棠樾"就是棠梨树或海棠树的荫凉之处。

这是一个古老的村落，自宋元以来已经绵延了800余年。该村的大姓鲍氏，他们的本源来自晋咸和年间的新安太守鲍弘。

棠樾鲍氏是一个以"孝悌"为核心、严格奉行封建礼教、倡导儒家伦理道德的家族。为此，在棠樾牌坊群内的牌坊共7座——明代的3座，清代的4座。

3座明代的牌坊为慈孝里坊、鲍灿孝行坊、鲍象贤尚书坊；4座清代的牌坊为鲍文渊妻节孝坊、鲍

孝悌 孝指还报父母的爱；悌，指兄弟姐妹的友爱，也包括了和朋友之间的友爱。圣人孔子非常重视孝悌，认为孝悌是做人、做学问的根本。孝悌不是教条，是培养人性光辉的爱，是我国文化的精神。

文龄妻节孝坊、鲍逢昌孝子坊和鲍漱芳乐善好施坊。它们按忠、孝、节、义依次排列，勾勒出封建社会"忠孝节义"伦理道德的概貌。

慈孝里坊是为旌表元末处士鲍余岩、鲍寿逊父子而建，是皇帝亲批"御制"的。

据史书记载，元代歙县守将李达率部叛乱，烧杀掳掠。棠樾鲍氏父子被乱军所获，并要两人杀一，请他们决定谁死谁生。孰料，鲍氏父子争死，以求他生，感天动地，连乱军也不忍下刀。

后来，明朝建立后，朝廷为旌表他们，赐建此坊。在此坊的横匾上镌刻"御制慈孝里"几个大字。

后来，明永乐皇帝听说此事后，还曾为鲍氏父子题诗：

父遭盗缚迫凶危，生死存亡在一时……鲍家父母全仁孝，留取声名照古今。

清朝建立后，乾隆皇帝也曾为鲍氏宗祠题联：

慈孝天下无双里，锦秀江南第一乡。

鲍灿孝行坊建于明嘉靖初年。牌坊挑檐下的"龙凤板"上镶着"圣旨"二字，横梁正、反面各有一对浮雕雄狮，显得颇为英武。额题上写着"旌表孝行赠兵部右侍郎鲍灿"12个字。

据《歙县志》记载，牌坊的主人鲍灿读书通达，不求仕进。其母两脚病疽，延医多年无效。鲍灿事母，持续吮吸老母双脚血脓，终至痊愈。

他的孝行感动了乡里，经请旨建造此坊。又因为他教育子孙有方，被皇帝"荣封三代"，并特地为其

宗祠 习惯上称祠堂，是供奉祖先神主，进行祭祀的场所，被视为宗族的象征。上古时代，士大夫不敢建宗庙，宗庙为天子专有。后来宋代朱熹提倡建立家族祠堂。至清代时，祠堂已遍及全国城乡各个家族，祠堂是族权与神权交织的中心。

■ 棠樾牌坊

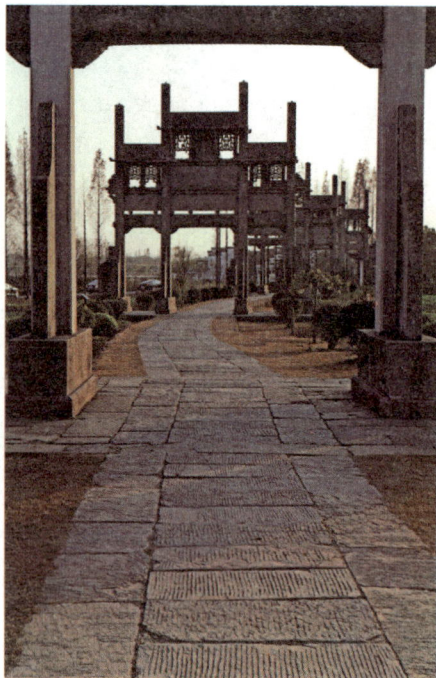

■ 棠樾牌坊群

祖父立坊。由于鲍灿的曾孙鲍象贤是工部尚书，所以皇帝赠鲍灿"兵部左侍郎衔"。

据说，棠樾的孝子特别多，甚至可以说鲍氏家族是靠"孝"繁衍壮大起来的。这与历代帝王都把"孝道"当作修身齐家治国的根本思想分不开。

棠樾牌坊群中的鲍象贤尚书坊始建于1622年。旌表鲍象贤镇守云南、山东有功。

据县志记载：鲍象贤于1529年中进士，初授御史，后任兵部右侍郎。他曾经远赴云南边防，使边境得以安定，当地百姓还为他建了生祠以示感恩。由于秉性亢直，鄙视权贵，鲍象贤多次遭到奸臣的中伤，政治生涯几起几落。

但他一直抱持"官不择位"的思想，廉智自持，不计个人毁誉得失，一如既往地效忠社稷，在死后才被追赠加封为工部尚书。

后来，人们为了纪念他，便向朝廷请命，修建了这座鲍象贤尚书坊。

此牌坊于1795年重修，牌坊上写着"赠工部尚书鲍象贤"8个大字，是一座旌表鲍象贤的"忠字坊"。因其在两广击退倭寇立大功，所以，在此牌坊的两侧，分别还刻有"命涣丝纶""官联台斗"字样，这是皇族赐予平民百姓极高的荣誉。

倭寇 一般指13世纪至16世纪期间，以日本为基地，活跃于朝鲜半岛及我国大陆沿岸的海上入侵者。曾经被归于海盗之类，但实际上其抢掠对象并不是船只，而是陆上城市。在倭寇最强盛之时，他们的活动范围曾远至东亚各地，甚至是内陆地区。

鲍文渊妻节孝坊建于1768年。因旌表鲍文渊继妻吴氏而建。

此牌坊为四柱三间三楼，四柱冲天，宽9.38米，高约11.9米。它是牌坊群中自西向东的第三座坊。坊字牌上有"节劲三冬""脉存一线"大字。

据县志记载：吴氏，嘉定人，22岁嫁入棠樾，当时正遇上小姑生病，她昼夜护理。29岁时，她的丈夫去世，她立节守志，对前室的孤子鲍元标视如亲生，尽心抚养，直至其成家立业。鲍元标也不负母恩，终于成为清朝著名的书法家。

年老之后，吴氏又倾其家产，为亡夫修了九世以下的祖墓，安葬好丈夫和族属中没有钱安葬的人。与此同时，吴氏还尽心侍奉患病的婆婆至寿终。她在60岁时辞世。

吴氏的举动感动了当地的官员，还打破继妻不准立坊的常规，破例为她建造了一座规模与其他相等的牌坊。尽管得此厚爱，但在牌坊额上"节劲三立"的"节"字上，还是留下了伏笔，人们把"节"字的草字头与下面的"卩"错位雕刻其上，以示继室与原配在地位上是永远不能平等的。

鲍文龄妻节孝坊建成于1784年，是三楼四柱冲天牌坊，宽8.75米，高约11米。它是牌坊群中自西向东的第五座坊。牌坊为灰

■ 棠樾牌坊群

员外郎 我国古代官名，原指设于正额以外的郎官。晋代以后有员外散骑侍郎，是皇帝近侍官之一。隋代在尚书省二十四司各置员外郎一人。明清各部仍沿此制，也称高级史外郎，简称员外。在清朝，此官职配置于朝廷或地方之辅助部门，品等为从五品。该官职一般为闲职。

凝石质，牌额东侧写"矢贞全孝"，西侧写"立节完孤"等大字。

据县志记载，江氏为棠樾人，26岁守寡后"立节完孤"，把儿子集成培养成歙县的名医。

寡妇守节，培养后嗣，被宗法社会认为是最大的孝行，因为宗族是依靠血统来维系的。所以在江氏80岁高龄时，族人为她请旌，建起了这座宛如其化身的牌坊。

鲍逢昌孝子坊建于1797年，为旌表孝子鲍逢昌而建。此坊结构为四柱三间三楼，四柱冲天，宽9.8米，高11.7米。是牌坊群中自西向东的第二座坊。

此牌坊为灰凝石质，牌坊上无甚雕琢。字牌东面书"人钦真孝"，西面书"天鉴精诚"，下书"旌表孝子鲍逢昌"。

■ 鲍逢昌孝子坊

据记载，鲍逢昌的父亲在明末离乱时外出多年，杳无音信。1646年，才14岁的鲍逢昌便沿路乞讨，千里寻父，最后终于在甘肃的雁门古寺找到了生病的父亲。他为父亲的背疽吮脓疗疮，并扶持父亲回到家中。

一进家门，鲍逢昌又见母亲病危在床，需要浙江富春山的真乳香医治，鲍逢昌又不远千里前去寻药。母亲

服用后果然痊愈，族人便说这是他"天鉴精诚""孝愈其亲"。后来，人们在他去世后，为他请旌，修建了这座牌坊。

鲍漱芳乐善好施坊建于1821年。这是棠樾牌坊群7座牌楼中位于正中间的一座，系为旌表鲍漱芳父子"乐善好施"的义举而建造的。

此坊为四柱三间三楼，当心间顶楼檐下四周嵌雕有龙凤图案的"圣旨"牌，当心间上层字板正背两面，均题刻有"乐善好施"4个大字，下层字板题刻有"旌表诰授通奉大夫议叙盐运使鲍漱芳同子即用员外郎鲍均"字。

牌坊两侧次间字板题刻有立坊人"礼部尚书穆克登额、礼部尚书胡长龄、两江总督百龄、安徽巡抚胡克家、安徽提督学政白铭、安徽布政司蒋继勋"等人的名字及立坊的时间。

据《歙县志》记载，这座牌坊的建造经过颇为曲折，是鲍漱芳先后花了几千万两银子做"善行义举"才换来的。

皖南歙县，被誉为"牌坊之乡"，据史料记载，歙县历代共建牌坊250多座，现存牌坊82座。它们或跨街而立，或矗立于村头，或建于

棠樾牌坊群

翰林院 是我国历史上一个带有浓厚学术色彩的官署机构。尽管其地位在不同朝代有所波动，但性质却无大变化，直至伴随着传统时代的结束而寿终正寝。在院任职与曾经任职者，被称为翰林官，简称翰林，是传统社会中层次最高的士人群体。翰林院从唐朝开始设立，翰林学士担当起草诏书的职责。

祠堂、民宅之前，作为门坊。

棠樾牌坊群，是安徽省现存最大、保存完好的一处牌坊群。古人建造它，其作用无非是维护封建社会的"忠孝节义"思想。

由于这些牌坊建筑气势宏大、雕刻精美、保存完好，又与相邻的鲍氏男祠、女祠构成了一个完整的旅游景区，而且与黄山风景区自然景观形成珠联璧合的人文旅游格局，因此，前往观光游览的宾客无不赞美叫绝，流连忘返。

单县百寿坊俗称朱家牌坊，位于单县城内胜利北街，1765年为翰林院赠儒林郎朱叔琪妻孔氏而建，因雕有100个不同书体的寿字而得名。

此牌坊以青色鱼子状石灰岩构成，通高13米，宽8米，四柱三间三层楼阁式建筑。

其独特之处是：坊座雕有8头矫健雄狮昂首远

望，8条出水蛟龙绕柱回舞，额枋上饰满盛开的牡丹，与正间上下额枋祥云间翩翩飞舞的5只透雕仙鹤、次间上额枋浮雕的相对翱翔之鸾凤构成了具有无穷魅力之艺术佳作，寓意福寿万年、富贵无媲或喜上眉梢。

而百狮坊则俗称"张家牌坊"，被誉为天下第一坊，位于单县城牌坊街的中段。因其夹柱精雕100只姿态各异的石狮子而得名，寓有百事如意、百世多寿之意。

此牌坊是1778年为赠文林郎张蒲妻朱氏而建，全石结构，高14米，宽9米，四柱三间五楼式，正间单檐，次间正檐，歇山顶，全部石砌。

坊座8根夹柱透雕群狮8组，大狮子狰狞峥嵘，小狮子环绕戏耍。每根夹柱前、左、右3面均浮雕松狮图。4柱和枋额上透雕云龙，其他部位也透雕加浮雕云龙旋舞、珍禽异兽、花卉图案。

石狮子 就是用石头雕刻出来的狮子，是在我国传统建筑中经常使用的一种装饰物。更多的时候，"石狮"是专门指放在大门左右两侧的一对狮子。其造型并非我们现在所看见的狮子，可能是因为中土人士大多没有见过在非洲草原上的真正的狮子。但也有说法是西域狮与非洲狮体态不同的缘故。

043

荣誉象征

古代牌坊

■ 单县百寿坊朱家牌坊

荣耀的牌匾

■ 无锡华孝子祠四面牌坊

无锡市华孝子祠四面牌坊，位于祠门前，俗称"无顶亭"。单间，牌坊呈正方形，木石结构，藻饰精美，系华氏宗族表忠孝节义及科第的纪念建筑物，建于1748年。

四面坊是具有江南特色的一种古建筑样式，迄今能够完整保存下来的，无锡仅此一座。

徐州市权谨牌坊坐落在徐州市内统一北街，又称"权氏祠堂"，始建于1427年，是徐州历史上唯一的歌颂封建礼教忠孝名人的纪念建筑物。

此坊初建于城西北隅池沼旁，1624年徐州大水，原建被淹。清顺治初年，地方官吏奉旨修建，将牌坊迁至统一北街，后又多次修复改建。

权谨牌坊由牌坊、大殿、配房三部分及三者形成的院落构成。牌坊坐西朝东，牌坊与祠堂的门楼合为一体，最东边为牌坊，上有门楼，其龙凤板上书写

■ 徐州市权谨牌坊
权氏祠堂

"圣旨"二字，过道为3间，门额上有明仁宗旌表权谨的 "天朝元辅" "中原文献" "忠孝名臣" 12个大字。

大殿位于牌坊西，正殿门两侧红抱柱有清乾隆帝南巡御赐的金字楹联：

孝以作忠，品重先朝荣宰辅；
功而兼德，名垂后世耀门楣。

据说，此牌坊的主人权谨在徐州历史上，是一位以孝道著称的名人。

权谨，字仲常，祖籍天水略阳，明洪武初年随父迁居徐州，他10岁丧父，在母李氏的辛勤训诲下，刻苦读书，于明永乐初年被荐授为青州乐安知县。

10年后，他迁光禄寺署丞。后来，因其母年事已高，辞官归家，备尽奉赡。

圣旨 是我国古代皇帝下的命令或发表的言论。圣旨是我国古代帝王权力的展示和象征，圣旨两端则有翻飞的银色巨龙作为标志。圣旨作为历代帝王下达的文书命令及封赠有功官员或赐给爵位名号颁发的诰命或敕命，圣旨颜色越丰富，说明接受封赠的官员官衔越高。

母亲死后，权谨守墓3年，朝夕哭奠，孝感朝野。地方郡守闻知后上奏京城，明仁宗遂传旨，令群臣效法，权谨也因此成为当时闻名的"孝子"。

权谨不但是载入《明史》46名"孝义"的大孝子，也是当时才华出众的文人。权谨晚年授文华殿大学士、太子太傅，在宫廷内担任过皇太子的老师，并参加过明正统《彭城志》的编撰工作，并为之作序。权谨一直活至77岁，他去世后，明宣宗命地方官员在徐州建权孝公坊，以垂范名。

在我国，除了上面介绍的这些节孝牌坊之外，还有众多的为表彰我国忠、孝、节、义等伦理道德的类似牌坊。这些牌坊上除了写有大量的颂扬文字外，还刻有不同形状的浮雕画面，为我国的建筑文化增添了光彩。

阅读链接

关于歙县棠樾牌坊群中鲍漱芳乐善好施坊的来历，还有另外一种传说。

鲍家在修建此牌坊时，鲍氏家族已有"忠""孝""节"牌坊，独缺"义"字坊。

其村鲍氏世家，至鲍漱芳时，官至两淮盐运使司，掌握江南盐业命脉。他欲求皇帝恩准赐建"义"字坊，以光宗耀祖，便捐粮10万担、银3万两，修筑河堤，发放军饷，此举获得朝廷恩准。

于是，在棠樾村头又多了一座"好善乐施"的义字牌坊。在歙县众多的牌坊之中，这种"以商入仕，以仕保商"，政治与经济互为融贯的密切关系屡屡可见。棠樾牌坊群雄伟壮观，全国罕见，1981年9月被列为省重点文物保护单位。

以表彰建立功绩的功德牌坊

　　功德牌坊指用来表彰为国家和地方建立功绩的人，在我国古代这类牌坊很多。著名的有安徽省绩溪县奕世尚书坊和都宪坊、安徽省黟县西递胡文光刺史坊、安徽省歙县许国石坊和吴氏世科坊、安徽省歙县贞白里坊、山西省阳城县皇城相府石牌坊、山东省桓台县四世宫保牌坊、云南省丽江市古城四坊、浙江省湖州市小莲庄牌坊、辽宁省北镇市李成梁石坊、甘肃省正宁县赵氏牌坊、辽宁省兴城市祖氏石坊和河北省灵寿县石牌坊等。

■ 钱王祠功德坊

　　奕世尚书坊坐落在绩溪县瀛洲乡大坑口村。建于1562年。三间四柱五楼，高10米，宽9米。主体结构由4根柱、4根定盘

■ 奕世尚书坊

荣耀的牌匾

抱鼓石 一般是指位于宅门入口、形似圆鼓的两块人工雕琢的石制构件，因为它有一个犹如抱鼓的形态承托于石座之上，故此得名。抱鼓石民间称谓较多，如石鼓、门鼓、圆鼓子、石镙鼓、石镜等。它是牌楼建筑所特有的重要构件，主要是起稳固楼柱的作用。

枋和7根额枋组成。

牌坊的整体结构采用侧脚做法，向内收敛，四大柱子抹去棱角，即所谓的"讹角柱"；立柱的南北两向各有抱鼓石护靠，造就了端庄稳重、傲然挺拔的美感效果；坊顶为歇山式，用茶园石石板砍凿而成，由斗拱支撑并挑檐。

各正脊两端，鳌鱼对峙，明间正脊中部置火焰珠，八大戗角翘然腾飞。主楼正中装置竖式"恩荣"匾，其四周盘以浮雕双龙戏珠纹。

下方花板南北两面，分别镌书"奕世尚书"和"奕世宫保"。书法遒劲流畅、气韵不凡，为书法大家文徵明手书。

奕世尚书坊的4根定盘枋起线两道，再饰以莲瓣纹。梁柱接点处用花牙子雀替装饰。

额枋的雕刻图案异常精美，匠师倾雕刻技法之能事，运用圆雕、透雕、深浮雕、浅浮雕、镂空雕等工艺，使一幅幅精美生动、巧夺天工的画面跃然于石上。

鲲鹏展翅、仙鹤腾飞、太狮滚球、双龙戏珠，布局脱俗，立意悠深，给人一种美的艺术享受。

尤其是中额枋北向的一组画面，更为神奇。匠师以石代纸，用凿为笔，驰骋在广瀚的艺术天地之中。山、水、亭、台、楼、阁，无一不妙；文武百官，优哉游哉，各行其好。

或弈林决雄，或书海探宝，或独钓河畔，或互论阴阳。世外桃源之生活，太平盛世之欢畅，在这里得以淋漓尽致的描绘。冰冷的石头，经过匠师的双手，仿佛散发出阵阵热流，让人感到温暖舒畅。

此枋为户部尚书胡富、兵部尚书胡宗宪而立。

胡富于1478年中进士，胡宗宪于1538年中进士，两人刚好相隔60年荣登金榜，故冠以奕世。胡富、胡宗宪这样两位功德无量的封建仕宦，为龙川胡氏家族争光无限。人们为了永久地纪念，为他俩立坊多达13座，其中龙川就有7座。

然而，这些铭刻人们怀念之情的13座石构建筑艺术精品，时至今日仅留下了奕世尚书坊，是徽派功名坊中的精品。

和奕世尚书坊隔溪相望的是都宪坊，都宪坊是后人为胡宗明而立，胡宗明曾经以副都御史的身份巡抚

雀替 是我国古建筑的特色构件之一。宋代称角替，清代称为雀替，又称为插角或托木。通常被置于建筑的横材梁、枋与竖材柱的相交处，作用是缩短梁枋的净跨度从而增强梁枋的荷载力。其制作材料由该建筑所用的主要建材所决定，如木建筑上用木雀替，石建筑上用石雀替。

■ 奕世尚书坊近景

辽东，既行使监察之职，又统领地方事务，为地方的最高长官。

都宪坊上有"圣旨"二字，而奕世尚书坊上则是"恩荣"二字，这说明奕世尚书坊的等级要高些。

在我国古代，建造牌坊必须得到皇帝恩准才可以，根据不同等级牌坊一般分为三等。一等牌坊是"御赐"，是皇帝同意以后由国库出钱建造；二等牌坊是"恩荣"，即皇帝同意以后由地方财政支持建造；三等牌坊是"圣旨"，即家族出了人物，向皇帝申请，皇帝恩准后由自己或家族出钱为其建造。

由此可见，都宪坊是三等，奕世尚书坊是二等。

安徽省西递胡文光刺史坊位于黟县西递村前。建于1578年，清乾隆、咸丰年间曾修葺。坊基周围占地100平方米，四柱三间五楼单体仿木结构。

胡文光刺史坊与徽州各地的牌坊式样不同，如歙县的牌坊大多是4

都宪坊

根大柱直冲云霄，叫"冲天柱式"；而胡文光刺史坊则有5个层次分明的楼阁，叫"楼阁式"，所以准确些该称之为牌楼。高12.3米，宽9.95米，石雕古朴精湛，造型富丽堂皇。通体为质地坚实细腻的"黟县青"石料构成。全坊以4根60厘米见方抹角石柱为整体支柱，上雕菱花图案。柱下有长方形柱墩4个，各高1.6米，东西长2.8米，宽0.8米。

■ 西递村胡文光刺史坊

中间两柱前后饰有两对高达2.5米的倒匍石狮，为支柱支脚，造型逼真，威猛传神。一楼月梁粗壮，刻以浮雕，精美古朴，柱梁间均用石拱承托，两侧嵌以石雕漏窗。中间横梁前后分别刻有"登嘉靖乙卯科奉直大夫朝列大夫胡文光"字样。

二楼中间西面为"胶州刺史"，东面为"荆藩首相"斗大双钩楷字，书体遒劲，三楼中轴线上镌有"恩荣"二字，两旁衬以盘龙浮雕。

二楼至四楼左右两侧和端点均流檐翘角，脊头吻兽雕为鳌鱼。檐下斗拱两侧饰有44个圆形凌空花翅，4根石柱的东西两面托着12块八仙、文臣武士人物雕塑，精美异常。文官和武将，喻为安邦定国。

最下边的正楼所刻图案叫"五狮戏球"，东西边是"麒麟吐书"。石柱两侧是栩栩如生的狮子，这两

漏窗 俗称花墙头、花墙洞、漏花窗、花窗，是一种满格的装饰性透空窗，外观为不封闭的空窗，窗洞内装饰着各种漏空图案，透过漏窗可隐约看到窗外景物。为了便于观看窗外景色，漏窗高度多与人眼视线相平，下框离地面一般在1.3米左右。也有专为采光、通风和装饰用的漏窗，离地较高。

只狮子前爪朝下倒伏着，爪下有只小狮子，既精致又增加了牌坊的稳定性。这座牌坊雄伟挺秀，几经沧桑，仍屹立于西递村口，宛如一名忠实的守卫者，也是西递古村的历史见证。此枋为西递村人胡文光而建，此人于1555年中举人，担任过万载县的县令。

在做官期间，胡文光筑城墙、修学校，做了不少利国利民的好事。后经巡抚推荐，担任了胶州刺史兼理海运。以后官升至荆州王府长史。明荆州王又授胡文光以奉直大夫、朝列大夫的头衔。1578年，皇帝批准胡文光的乡亲在此建了这座功德牌坊，以表彰胡文光在任上对民众做的善事。

歙县许国石坊又名大学士坊，位于安徽黄山歙县城内，是全国罕见的典型明代石坊建筑，立于1584年。

石坊是四面八柱，"口"字形，故俗称"八脚牌楼"。南北长11.54米，东西宽6.77米，高11.4米，面积78.13平方米。

石坊是仿木构造建筑，有脊、吻、斗拱。由前后两座三间四柱三楼和左右两座单间双柱三楼式的石坊组成。石料全部采用青色茶园

■ 许国石坊（大学士坊）

石，石料质地坚硬，粗壮厚重，有的一块就重达四五吨，石坊的雕饰艺术更是巧夺天工。

每一方石柱、每一道梁枋、每一块匾额、每一处斗拱和雀替，都饰以精美的雕刻。12只狮子，前后各4只，左右各2只，雄踞于石础之上，形态各异，栩栩如生。这些富有"个性化"的雕饰设计，巧妙地表达了牌坊主人许国的思想意识和社会成就。

许国石坊为旌表明少保兼太子太保、礼部尚书、武英殿大学士许国而建。

■ 吴氏世科坊

许国是歙县人，他于1565年中进士，历仕嘉靖、隆庆、万历三朝，以云南"平夷"有功，晋太子太保、武英殿大学士。

许氏衣锦还乡后即立此坊，故坊上镌有"恩荣""先学后臣""上台元老""大学士""少保兼太子太保礼部尚书武英殿大学士许国"字样。

歙县"以才入仕"称江南，历代英杰辈出，名儒显臣层出不穷。许国石坊上遍布雕饰，工致细腻，古朴豪放，为徽州石雕工艺中的杰作。许国石坊以中华独一无二的雄姿成为举世瞩目的"国宝"，被誉为"东方的凯旋门"。

吴氏世科坊位于歙县徽城镇中山巷西口，1733年立，双柱一门三楼，宽2.6米，高7.25米，结构简明，

武英殿大学士
1382年设置，秩正五品。清沿置，为正一品。大学士中居内阁中的文渊阁首者，号称首辅，其权最大，有票拟之权。明世宗嘉靖以后，内阁权力急速发展，首辅大学士的职权如同以往的丞相，但必须与宦官合作，才能执掌大政。

雕刻简约，毫无奢华张扬之态。

坊字板上题刻明永乐至清雍正年间城内吴氏15名举人、进士姓名。朴素无华，4块靠背石竖置于横卧的4只狮上，较少见。

按通常说法，此类"恩荣"牌坊当属第二等级，应为"皇帝下诏，地方出银建造"。但这座牌坊的字板上，却全然不见官府题款。

两侧基座上共雕4只狮子，寓"事事如意"。嘴里皆衔了绳子，一般而言，这通常理解为告诫家人及后辈噤口慎言，以免祸从口生，招惹牢狱之灾。

在安徽歙县，除了许国石坊和吴氏世科坊，还有一座徽州最古老的牌坊贞白里坊。

此牌坊位于徽州府歙县郑村，始建于元末，明弘治和嘉靖年间、清乾隆年间曾重修。仿木结构，二柱一间三楼，高8米，宽5.7米。石柱内侧面有门框卯口，从前装有木栅门。

二楼匾额上有元代翰林国史院编修程文等撰写的《贞白里门铭》，旨在旌表元代人郑千龄一家三代。一楼额枋上有"贞白里"3个

阳城县皇城相府石牌坊

大字，为"奉政大夫金浙江东海右道肃政廉访司事余阙书"。

阳城县皇城相府石牌坊有一大一小两座，大的是清朝康熙名相陈廷敬命人修建的。此牌坊建于1704年。牌坊为四柱三楼式，楼柱两侧置夹杆石，下枋上雕二龙戏珠，其上花枋、中枋直至定枋均饰吉祥图案，高浮雕。各枋间施牌匾和字牌。牌坊正楼主牌为"冢宰总宪"4字，边楼分刻"一门衍泽"与"五世承恩"。

■ 安徽歙县贞白里坊

"冢宰"是宰相的别称，为百官之首。"总宪"是都察院左都御史的别称。都察院是清朝最高一级监察机关，肩负监督考察各级官吏的重任。

在"冢宰总宪"下方有四格文字，从下至上分别镌刻陈廷敬及其父亲、祖父、曾祖父的官职和功名，其中最显赫的就是最下方一格陈廷敬所任官职的具体名称。定枋上施仿木构斗棋屋檐，正脊两端设吻兽，脊刹饰麒麟。整座牌楼看起来雄伟庄重，制作精美。

在离这座牌坊的不远处，便是一座两柱一楼式的小牌坊，此牌坊规模和装饰虽较逊色，却建在大牌坊之前。

据说，这座牌楼建筑的时间是陈廷敬还没有当上朝廷命官之前修建的。牌坊的正面刻有"陕西汉中府

都察院 明清时期官署名，由前代的御史台发展而来，主掌监察、弹劾及建议。长官为左、右都御史，下设副都御史、佥都御史。作为明清监察制度的主要实施者，都察院在维护封建统治正常秩序和保障封建国家机器平稳运转方面起到了重要的作用。

西乡县尉陈秀"至"儒林郎浙江道监察御史陈昌言"等6人的名字和官职，而背面则刻有"嘉靖甲辰科进士陈天佑"至"顺治丁酉科举人陈敬"等6人的科举功名。

其中，陈天佑是陈氏家族中的第一个进士，他的爷爷陈秀则是陈家历史上第一个外出做官的。而陈昌言则是在陈廷敬之前家族中最大的官，先为明朝御史，后入清廷，担任提督江南学政，不仅文章做得好，字也写得十分漂亮，同时在皇城内城中还存有很多出自他手笔的碑文。

我国的功德牌坊中，除了有很多二等牌坊"恩荣"和三等牌坊"圣旨"之外，还有一些"御赐"牌坊，它们是由我国历史上的皇帝亲自御赐为国家地方建立功绩的人修建的牌坊。

其中，康熙皇帝第一次为臣子立牌坊的时间是在

> **提督** 我国古代武职的官名，负责统辖一省陆路或水路的官兵。提督通常为清朝各省绿营最高主管官，称得上封疆大吏，若以职能分，提督分为陆路提督与水师提督，掌管区域一至两省数万平方千米，甚至数十万平方千米在地域。

■ 德政坊

1703年，当时，文华殿大学士兼吏部尚书伊桑阿病故，康熙亲自为伊桑阿树碑立牌坊。

此牌坊位于伊桑阿的墓前，坐西朝东，采用汉白玉石料，五门六柱，面阔21米。牌坊上的方形通天柱上浮雕层层云朵。牌坊单排多柱，建造精致，斗拱上承正楼、次楼、边楼、夹楼。其牌坊特点不光是造型气派，布局也很别致。

与其他功德牌坊不同的是：一般的牌坊都是四柱三门，它却有六柱三门两影壁。其牌坊的3个门槛上都有栽栏杆的方孔，门中还有石栏杆。其冲天柱的柱头上刻满了云纹，更使其蒙上了一层神秘的色彩。

总之，功德牌坊是人们对前人所做功德的一种褒奖，这是一种对荣誉的肯定，表达了人们的自豪、仰慕和崇敬之情。

阅读链接

据说，歙县最古老的贞白里坊的主人郑千龄，一生只在祁门、休宁、淳安等县当过小官，但"官不在大，有德即灵"，因他廉洁自律，深受各处百姓爱戴，家乡人也都为他骄傲。

为此，在他死后，大家都尊称他为"贞白先生"。贞即忠贞，白即清白。可见他人品之高尚。

为倡导乡风，教育后人，村人在巷口建了贞白里坊。牌坊在初建时曾装有木栅门，后被拆除，坊下是进出村庄的必经之道。自元以来，凡郑村乡民操办红白喜事，都要从坊下穿过，以示毋忘祖风。

祭奠先人美德的陵墓牌坊

陵墓牌坊，也称正墓道坊或墓坊，是牌坊建筑系列中的主要组成部分，它是研究陵墓主人的社会地位、古代墓葬等级制度，以及地方葬俗等方面的重要实物资料。它的设置蕴含着诸多文化内涵。

在我国，从古至今，保存着许多著名的陵墓牌坊，它们有浙江省绍兴市大禹陵牌坊、山东省曲阜市孔林牌坊、江苏省常熟市言子墓牌

■ 吴氏陵园石牌坊

■ 大禹陵石牌坊

坊、河南省洛阳市关林石坊、江苏省南通市唐骆宾王墓牌坊、江苏省镇江市米芾墓石坊、江苏省苏州市唐伯虎墓牌坊、山西省浑源县栗毓美墓牌坊、河南省安阳市袁公林牌楼等。

绍兴市大禹陵牌坊位于绍兴市东南郊会稽山麓大禹陵的入口处。牌坊高12米、宽14米，系用石头建造，高大古朴。牌坊顶为双凤朝阳，庄重典雅，雕刻精美。柱端为古越人崇拜的神鸟鸠。鸠的下面是3个楷体大字"大禹陵"。

柱中系应龙，枋是双凤朝阳，枋下为守门龙椒图，柱下立辟邪镇墓兽。牌坊前横大铜管称龙杠。直竖左右大铜管称拴马桩。

按古代帝王陵寝制度，文官在此下轿，武官在此下马，步行进入神道，祭拜陵寝。因此，特设"龙杠"示禁，立"拴马桩"供官员拴马。

除了这座大禹陵牌坊，曲阜市孔林牌坊也很出

椒图 龙生的9子之一，形状像螺蚌，性好闭，最反感别人进入它的巢穴，铺首衔环为其形象。因而我国古人常将其形象雕在大门的铺首上，或刻画在门板上。螺蚌遇到外物侵犯，总是将壳口紧合。为此，人们习惯将其用于门上，大概就是取其可以紧闭之意，以求安全。

言子墓前的石牌坊

名。孔林本称至圣林，是我国古圣人孔子及其家族的墓地。孔林牌坊位于孔林神道的入口处。

这座牌坊被称为"万古长春坊"，是一座6楹精雕的石坊，其支撑为6根石柱，两面蹲踞着12只神态不同的石狮子。

牌坊正中是"万古长春"4个字，为1594年初建时所刻，清雍正年间却又在坊上刻了"清雍正十年七月奉敕重修"的字样。石坊上雕有蟠龙。

除了这座牌坊，在孔林墓地内的"洙水桥"旁边，还有一座雕刻着云、龙、辟邪的石坊。牌坊上面坊的两面各刻"洙水桥"3个字，北面署"明嘉靖二年衍圣公孔闻韶立"，南面署"雍正十年"年号。

常熟市言子墓牌坊位于常熟虞山东麓孔子的弟子言子之墓内。言子墓初建于西汉，经历几代修建，才拥有今日之宏大规模。

在言子墓内，有3道著名的牌坊，均有匾额和柱联。其中，第一座墓门牌坊楹联为：

旧庐墨井文孙守，高陇虞峰古树森。

第二道牌坊前后有乾隆书额："道启东南""灵萃句吴"。

第三道牌坊为雍正年间江苏布政使额书："南方夫子"。

洛阳市关林石坊位于河南省洛阳市老城南关林镇关林内。关林相传为埋葬三国时蜀将关羽首级的地方，前为祠庙，后为墓冢。

在关冢之前，有两座石牌坊。第一座石牌坊是明代万历年间立的，宽10米，高6米，共有3门道，坊上题联甚多，均是歌颂关羽之作，书体皆为明清书法。

正坊额上题"汉寿亭侯墓"5个大字。这是在关羽解白马之围后，曹操向汉献帝给关羽奏请的封号，也是关羽的第一次受封。正坊柱正面有联一对：

盖世英雄皈圣域；
终天仇恨绕神丘。

此牌坊的偏坊也有坊额，分别写道："义参天地""道衍春秋"。

关林的第二座石坊在规模上要比第一座略小一些，它立于清康熙年间。牌坊正面额上写着"中央宛在"4个大字。关于这4个字，有解释说，"中央"是指头颅的意思，"宛在"则是说仿佛存在的意思。

南通市唐骆宾王墓牌坊位于南通城东佛教八小名

■ 关林石坊

唐骆宾王墓牌坊

山之首的狼山山脚骆宾王墓内。这座牌坊是一座高大的3开间花岗石牌坊，坊额上镌刻着墓名，正中为"唐骆宾王墓"，右侧是"宋金将军墓"，左侧写道"刘南庐墓"。

当然，在我国，除了上面介绍的这些陵墓类牌坊之外，还有很多地区的古墓前也有类似的牌坊，这些牌坊经过岁月的洗礼和风雨的浸淫，许多墓道坊都已残缺不全，唯留那一根根石柱，仿佛在张扬着曾经的无比荣耀，让人们对古人肃然起敬。

阅读链接

据说，关于洙水桥牌坊的建立，还与旁边的洙水河有关。

洙水本是古代的一条河流，它与泗水合流，至曲阜北又分为二水。在春秋时，孔子讲学洙泗之间，后人以洙泗作为儒家代称。但洙水河道久湮，为纪念孔子，后人将鲁国的护城河指为洙水，并修了精致的牌坊和洙水桥。

古代碑石

　　碑石，具有浓烈的东方色彩和极高的文化价值，长期以来，它一直影响着我国的文化、历史、考古等众多学科。在我国古代，它一般以纪念碑、书法碑刻和墓葬用品等形式呈现。

　　碑的结构一般分为碑首、碑身、碑座三部分。碑首主要刻些碑名，或仅起装饰作用；碑身刻写碑文；碑座起承重和装饰作用。明代以后，将碑座改成似龟非龟的赑屃，传说它是龙的九子之一，善于载重。

作为纪念物或标记的竖石

汉伏波将军马援墓碑

碑石就是把功绩勒于石上，以传后世的一种石刻。我国东汉许慎的《说文解字》中解释它为"竖石"，是一种作为纪念物或标记存在的石头。这种石头多镌刻文字，意在于垂之久远。

据说，这种竖石大约在周代便已经出现，当时的碑，多在宫廷和宗庙中出现，但它与后来的碑石功能又有所不同。

在那时，宫廷中的碑是用来根据它在阳光中投下的影子位置变化，推算时间的；宗庙中的碑则是作为拴系祭祀用的牲畜的石柱子。史载：

至汉代时，这种竖石又具有另外的一种功能，就是用作举行葬礼的葬具。由于当时贵族官僚墓穴很深，棺停运到墓旁边时，往往在墓的四角设碑，于是，便有了墓碑的出现。

汉代经学大师郑玄注：

丰碑，斫大木为之，形如石碑，于停前后四角树之，穿中，于间为鹿卢，下棺以缞绕，天子六缞四碑。

■ 古代牌刻

这里的"丰碑"是砍大木头做成的，形同石碑。棺停下葬时，在墓穴四角各设置一个，碑上有圆形穿孔，孔中系绳，绳子一头绕在轱辘上，另一头系在棺椁上，将棺椁平稳地放入墓穴之中，殡仪结束后，这种木碑往往就埋葬在墓穴中。

为此，也可以说，我国的墓碑是起源于古代用作牵引棺椁下葬用的"丰碑"的。它最初是木质，没有文字，从汉代起，人们为缅怀逝者生前的业绩，便利用现成的木碑，在上面书写逝者的生平事迹以及歌功

郑玄 东汉经学大师、大司农。他曾入太学攻《京氏易》《公羊春秋》及《三统历》《九章算术》，最后从马融学古文经。他遍注儒家经典，以毕生精力整理古代文化遗产，使经学进入了一个"小统一时代"。为汉代经学的集大成者。

荣耀的牌匾

■ 河北正定隆兴寺
石碑

颂德之辞，碑首中间仍凿有圆孔，叫"穿"，这样，墓碑便正式形成了。

由于当时的墓碑多是木质的，所以能够保存下来的汉代石碑非常之少，现存最早的墓碑是公元前26年的《镳孝禹碑》，碑文写道：

河平三年八月丁亥平邑里镳孝禹

该碑是1870年在山东发现的。碑高1.45米，表面粗糙，未经磨光。

东汉时期，重视厚葬，墓碑风行。至汉代以后，刻碑的风气逐渐普及，几乎处处可碑，事事可碑。有山川之碑、城池之碑、宫室之碑、桥道之碑、坛井之碑、家庙之碑、风土之碑、灾祥之碑、功德之碑、墓道之碑、寺观之碑、托物之碑等。

南朝梁时刘勰《文心雕龙》中也写道："自后汉

刘勰 我国历史上著名的文学理论家。他曾担任过县令、步兵校尉、宫中通事舍人，颇有清名。虽任多个官职，但其名不以官显，却以文彰，一部《文心雕龙》奠定了他在我国文学史上和文学批评史上不可或缺的地位。

以来，碑碣云起。"

不仅王公贵族墓前树碑，就连一般的庶民百姓乃至童孩墓前也树碑，如《隶释》记载有《故民吴仲山碑》，《蔡邕集》有《童幼胡根碑》。

这一时期的墓碑制作精致，大多经过磨光。碑首尖的叫"圭首"，圆的叫"晕首"，碑首中间有圆形穿孔。

有的碑有"穿"，如江苏省南京溧水东汉"校官碑"；有的碑首还浮雕出龙纹，如东汉晚期四川省雅安"高颐碑"；还有的碑侧刻有花纹，比如东汉晚期的"乙瑛碑"。

三国两晋时期，人们一改东汉的厚葬之风，崇尚薄葬，禁碑之风盛行。当时，帝王规定：帝王陵墓之前不设石碑。门阀士族经过皇帝特许，方可在墓前树碑，如当时的名人王导、温峤、郗鉴、谢安等人均有石碑。

在我国历史书籍《全晋文》中，仅东晋著名文士孙绰书写的碑文就保存有7篇，它们是："丞相王导碑""太宰郗鉴碑""太尉庾亮碑""太傅褚褒碑""司空瘐冰碑""颍川府君碑"和"桓玄城碑"。但遗憾的是，这些墓碑无一遗存。

至南朝时期，虽有碑

校官碑 全称"汉溧阳长潘乾校官碑"，简称"校官潘乾碑"，隶书。额题"校官之碑"4个字，为江苏境内唯一完整存世的汉碑。碑为青石质，圭形，碑额有圆孔。被誉为"江南第一名碑"。

067

石刻古籍

古代碑石

■ 庞统墓碑

赑屃 是龙之九子之一，又名霸下。貌似龟而好负重，有齿，力大可驮负三山五岳。其背也负以重物，多为石碑、石柱之底台及墙头装饰，属灵禽祥兽。人们在庙院祠堂里，处处可以见到这位任劳任怨的大力士。据说触摸它能给人带来福气。

■ 东汉石刻墓碑

禁，但已成一纸空文。帝王陵墓神道石刻中，石碑与石柱、石兽均成对出现，成为一项固定的制度。

这时的石碑，由碑首、碑身和碑座三部分组成。

碑首呈圆形，碑身呈长方形，碑座为角趺形，又称龟趺坐。碑首顶部圆脊上，两侧各浮雕着相互交结成瓣状的双龙；碑首正中有一长方形额，额内刻有与墓主有关的朝代、官衔、谥号之类的文字。

额下有圆形穿孔，穿孔为古制的孑遗，已无实用价值，仅起装饰作用；额四周线刻龙、凤、火焰、云气、莲花等纹饰。

碑身正、反面均刻有文字，文字四周饰以卷草纹之类的纹饰；碑身侧面有的饰以浮雕图案及线刻画。碑座为一角趺，龟趺又名赑屃。

古人认为，龟是灵物，耐饥渴，有很长的寿命，所以用它驮碑。

不过，关于龟的名声，至宋代以后才逐渐不雅了。南朝陵墓石碑的碑座刻物，可以理解为龙子之

一。其形状似一只大乌龟，凸目昂首，一足前迈，做负重匍匐爬行的姿态。元代翰林传讲学士袁桷曾参与朝廷很多勋臣碑铭的撰作。

岱庙石碑

明清以后，人们在立碑石时，都喜欢将碑座改成似龟非龟样子的赑屃。

这一时期的石碑，碑首和碑身为一块整石雕琢而成，碑座是用另一块巨石雕琢而成，两者之间以神卯结构相连，浑然一体。

阅读链接

从五代以后，开始流传"一龙生九子，九子各不同"的说法，并且根据每个龙子不同性格、爱好等特点，把它们装饰在不同的器物上。

它们是：长子赑屃，因为它鳖形龟貌，力气大，好负重。所以，它充当了人间石碑座子。二子鸱吻，喜欢眺望，装饰在屋檐上。三子蒲牢，它整天喜鸣爱吼，传说它的喊声可传千米以外。寺庙的和尚在铸钟时，把它铸在钟钮上，作为装饰品。四子狴犴，生来面貌威严，人人见了都害怕，人们便将它装饰在监狱门上。五子饕餮，嘴馋身懒，爱吃爱喝，人们便把它装饰在食具上。六子蚣蝮，爱喜波弄水，被装饰在桥栏杆上。七子睚眦，嗜杀成癖，装饰在兵器上。八子狻猊，它好烟火，闲下无事，到处煽风点火，人们便将它装饰在香炉盖上。九子椒图，喜欢给人当警卫，后来人们就把它派用在大门上的龙头"门环"上。

中华民族最古老的禹王碑

我国石碑文化起源于周代，兴起于汉代，成熟于南北朝，在这漫长的历史发展中，保存最古老的碑石为发现于衡山岣嵝峰的禹王碑。

禹王碑，又称岣嵝碑，位于岳麓山顶禹碑峰东，碑文记述和歌颂了大禹治水的丰功伟绩。它是我国最古老的名刻，与黄帝陵、炎帝陵被文物保护界誉为中华民族的三大瑰宝。

禹王碑镌刻于石崖壁上，碑上有奇特的古篆文，宽1.4米，高1.84米，碑文9行，每行9字，凡77字，末有寸楷书"右帝禹制"。字体苍古难辨。有谓蝌蚪文，有谓鸟篆。系宋嘉定年间摹刻于此。亭侧有清欧阳正焕书"大观"石刻，为湖南省重点文物保护单位。

会稽山大禹陵石刻

其实，此碑是宋代时人们从衡山拓来的复制品。真正的禹王碑唐代还在衡山，韩愈、刘禹锡赋诗歌咏，曾被称为南岳衡山的"镇山之宝"。它还有可能是道家的一种符录，也有人说是道士们伪造的。

关于禹王碑的记载，最早见于唐代韩愈、刘禹锡诗作，但两人并未实地考察过。亲见亲摹其碑文的，是南宋时的何致。1212年，何致在南岳游玩，遇到樵夫将他引到藏碑处，始摹碑文。何致过长沙时，刻碑于岳麓山峰。

1533年，潘镒剔土得碑，遂摹拓流行于世。明代学者杨慎、沈镒等都有释文。碑文主要记述了大禹治水之功绩。西安碑林、绍兴禹陵、云南法华山、武昌黄鹤楼等处，均以此碑为蓝本翻刻。

相传，舜继位后，用禹治水，禹顽强不屈，一方面与老百姓一起凿山挑土，另一方面找治水良法。

一天，他治水来到衡山，舜说黄帝把一部以金简为页、青玉为字的治水宝书藏在衡山上，但具体在什么地方却无人知道。大禹治水心切，就杀了一匹白马，祷告天地，接着，他便睡在山峰上几天不起。

直至第七天晚上，他梦见一位长胡子仙人，自称苍水使者，授予他金简玉书藏地密图。醒来后他按照密图寻找，果然找到了这部书。他抱着宝书日夜细心

■ 禹王碑禹帝铭文

岣嵝峰 位于湖南省衡阳市北部40千米衡阳县岣嵝乡境内。1995年升级为国家森林公园。公园由岣嵝峰、嫘祖峰、白石峰、酒海岭、大小海岭等山体构成，总面积2067公顷，公园属中亚热带典型常绿阔叶林北部植被亚热带。拥有独特的亚热带山区气候和优美的森林景观，融自然景观与人文景观于一体。

研读，求得开渠排水、疏通河道的办法。

大禹领先民，斩恶龙、斗洪水，终于将洪水治好。先民欢欣鼓舞，感激万分，纷纷要求在南岳岣嵝峰顶上，立碑为大禹记功。大禹十分谦虚，不肯答应，但南岳先民执意要立，否则就不放他回北方。

大禹只得答应，却提出了条件：碑文要刻得奇古，如天文一般，百姓不能相识。于是，南岳先民派来最好的石匠，将大禹提供的77个字样，全部镌刻在南岳岣嵝峰山顶的石壁上。

过了几百年之后，有天早晨，一位云游四海的老道士路经南岳岣嵝峰顶，他在石壁下好奇地停下脚步，面对着碑文，一个字一个字地考证辨认起来。从早晨直至傍晚，认出了76个字。

老道士兴奋不已，正要考证辨认最后一个字时，忽然他感到脚下冰凉，好像被水浸了一般。低头一看，只见自己正站在水中；再回身一望，洪水就要将他淹没。他吓得面无人色，一下把所有考证辨认的碑文全忘记了。此时，就见那洪水也随着他的忘记，一下子全退了。

老道士望着退去的洪水，想着刚才的景象，他想，这一定是天

绍兴大禹陵石碑

书，百姓不得相认。于是，下山通告全城：禹王碑文是天书，百姓不得相认，否则洪水淹天！

当然，传说是美好而又离奇的，然而传说毕竟是传说，它并没有动摇文人学士考释碑文的信心，多少人为其花费了毕生的心血。

原碑石于1212年最先发现于衡山岣嵝峰，后来才摹刻于岳麓山顶，故又称岣嵝碑。明代杨慎、沈镒、杨时桥、郎瑛，清代杜壹，当代长沙童文杰、杭州曹锦炎、株洲刘志一等人先后作"岣嵝碑释文"。

禹王碑石刻文字

但是，许多考释者都没有突破"大禹治水"的故事原型，而一些学者则认为"禹碑"并非禹碑。如曹锦炎认为岣嵝碑是战国时代越国太子朱句代表他的父亲越王不寿上南岳祭山的颂词。而刘志一则认为岣嵝碑为公元前楚庄王三年所立，内容是歌颂楚庄王灭庸国的历史过程与功勋。为此，这块千古奇碑至今说法不一。

阅读链接

随着近代考古学的发展，现代人对禹王碑的碑文有着不同理解。

其中，刘志一认为碑文为夏代官方文字，早于商周金文。这种文字到战国末期逐渐消亡。秦汉文字改革后，绝大多数文字无法识读了。加上碑文用南楚方言，又多通假，更难辨认。刘志一花费10年心血破译此碑文，其译意与《左传》所载楚庄王灭庸的过程大同小异。

我国历史上著名的四大碑林

　　"碑林"由于石碑丛立如林、蔚为壮观而得名，它是将众多矗立的石碑集中在某一院落里，供人们观瞻欣赏、研习借鉴的场所。它们不仅是我国古代文化典籍石刻的集中点之一，也是历代名家书法艺术

西安碑林博物院

■ 西安碑林曹全碑

荟萃之地。

在我国，最为著名的碑林一共有4座，它们是陕西省西安碑林、山东省曲阜孔庙碑林、台湾高雄南门碑林和四川省西昌地震碑林。

西安碑林位于西安市南城墙的魁星楼下，因碑石丛立如林而得名。这是收藏我国古代碑石时间最早、名碑最多的艺术宝库。它始建于1087年，原为保存唐开元年间镌刻的《十三经》《石台孝经》而建，后经历代收集，规模逐渐扩大，清代开始称其为"碑林"。

整座碑林里面陈列着从汉至清的各代碑石、墓志共计1000多通。而且藏品时代系列完整，时间跨度达2000多年。

这些碑石书体，篆、隶、楷、行、草各体具备，名家荟萃，精品林立，无论从书法艺术角度，还是从

魁星楼 位于西安南门城楼东667米处，这是一座祭祀主管文运之神的庙宇式建筑，该楼初建于1619年，后遭兵火所毁，清代虽有重修，但明清建筑终未保留下来。现存的建筑为1982年西安整修城墙时重建。

荣耀的牌匾

■ 西安碑林石碑

三老 是我国古代
掌教化的乡官，
是县的下一级官
员，他的主要工
作是向乡里的农
民收税。担任三
老的人必须是具
备正直、刚克、
柔克三种德行的
长者。三老的权
力、任务类似族
长之类，只是族
长的对象是一个
宗族，而三老往
往是地域性质。

考古学、历史学的角度考量，都具有极高的学术价值
和深厚的文化内涵。

代表作有东汉的"曹全碑"、魏晋南北朝时期的
"司马芳残碑"等；儒家典籍刻石代表有唐朝的"石
台孝经""开成石经"等；见证我国古代宗教文化交
流的碑刻有唐朝的"大秦景教流行中国碑""大唐三
藏圣教序"等。

东汉"曹全碑"全称"郃阳令曹全碑"，刻于东
汉中平二年十月二十一日。明朝万历初年，在陕西郃
阳旧城莘村发掘出土，石碑的篆额遗失不存。

它是我国汉代石碑中保存比较完整、字体比较清
晰的少数作品之一。这通碑是东晋文人王敞、王敏、
王毕等人为纪念历史人物曹全的功绩而立的。碑文主
要记载了东汉末年的历史事件，为研究东汉末年历史
提供了重要的资料。

这通碑呈竖方形，高2.73米，宽0.95米，共20行，每行45字。书体为隶书，文字清晰，结构舒展，字体秀美灵动，书法工整精细，充分展现了汉代隶书的成熟与风格。碑上还阴刻有立碑题名者的名字，有处士、县三老、乡三老、门下祭酒、门下议掾、督邮、将军令史等人。

这通碑的石材通身漆黑，如涂油脂，光亮可照人。碑石精细，碑身完整，是汉碑、汉代隶书中的精品，也是目前我国汉代石碑中少数保存比较完整、字体比较清晰的作品之一。

"司马芳残碑"出土于1952年，出土时只有碑石上半，而且已裂为3块。残长1.06米，宽0.98米。

篆额"汉故司隶校尉京兆尹司马君之碑颂"4行，15字尚清晰。碑阳16行，中间两行损泐，存142字。碑阴上部14行刻属史名单，下部18行残不成文，可识者41字。

此碑文为楷书，其体势和用笔具备了北魏早期铭刻体的基本特点。

"石台孝经"碑刻于公元745年，是唐玄宗李隆基亲自作序、注解并以隶书书写的。

石台孝经的前面一部分是唐玄宗李隆基为孝经所作的序。唐玄宗皇帝为孝经写序的目的是表示自己要以"孝"来治理天下。后面是孝

石刻古籍

古代碑石

■ 西安碑林"司马芳"残碑

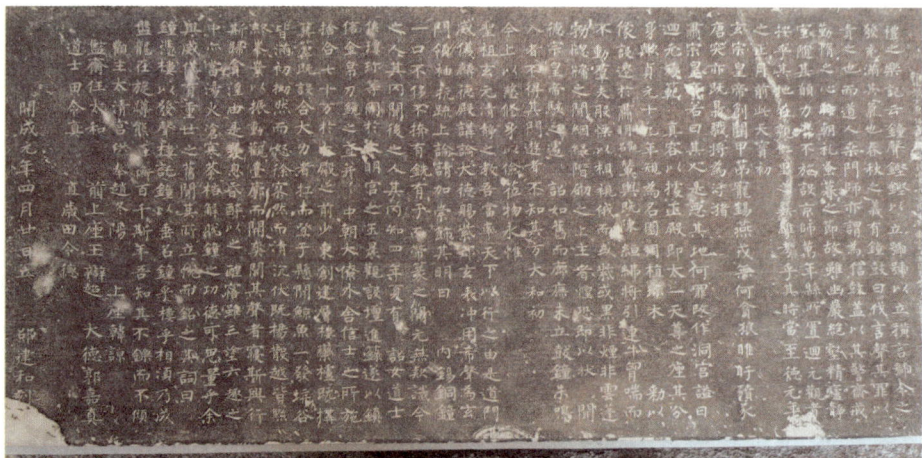

■ 西安碑林开成石经

078

荣耀的牌匾

于阗 是古代西域王国，我国唐代安西四镇之一。古代居民属于操印欧语系的塞族人。11世纪，人种和语言逐渐回鹘化。于阗地处塔里木盆地南沿，东通且末、鄯善，西通莎车、疏勒，盛时领地包括今和田、皮山、墨玉、洛浦、策勒、于田、民丰等县市。

经的原文，小字是唐玄宗为孝经作的注释。

碑石长方形，上加方额，方额左右各浮雕瑞兽，上下刻涌云，上承盖石。碑下面有方形台阶石三层，因而称为"石台孝经"。

"开成石经"刻成于837年，故称"开成石经"或"唐石经"，因竖立雍地，故又称"雍石经"。

此碑碑文是楷书。此碑文字迹清晰，笔画精致，便于抄写诵读，对于当时传播儒家学说起了积极的作用。

"开成石经"计有《周易》等12种经书，共刻114通碑石，每石两面刻。每通经石高约1.8米，面宽0.8米。下面设方座，中间插经碑，上面置碑额，通高3米。

"大秦景教流行中国碑"是一通记述景教在唐代流传情况的石碑。此碑身高1.97米，下有龟座，全高2.79米，碑身上宽0.92米，下宽1.02米，正面刻着"大秦景教流行中国碑并颂"，上面有楷书32行，行书62字，共计1780个汉字和数十个叙利亚文。

这通石碑上说的是，唐太宗贞观年间，有一个从古波斯来的传教士叫阿罗本，历经艰辛，跋涉进入我国，沿着于阗等西域古国，经河西走廊来到京师长安。随后，他拜谒了唐天子太宗，要求在我国传播波斯教。

此后，唐太宗降旨准许他们传教，于是景教开始在长安等地传播起来，也有景教经典《尊经》翻译成中文的记载。

碑文还引用了大量儒道佛经典和我国史书中的典故来阐述景教教义，讲述人类的堕落、弥赛亚的降生、救世主的事迹等。碑文虽系波斯传教士撰写，但他的中文功底极其深厚。

除了这些碑石，在西安碑林中，书法精品代表的还有唐朝书法大家颜真卿的"颜勤礼碑"、唐朝书家欧阳通的"道因法师碑"等。

此外，碑刻还有唐朝的"昭陵六骏""骊山老君像"等。这些不同门类的代表作品，共同组成了西安碑林辉煌灿烂的碑石文化。

景教 即唐朝时期传入我国的基督教聂斯脱里派，也就是东方亚述教会，起源于今日叙利亚，被视为最早进入我国的基督教派，成为汉学研究的一个活跃领域。唐朝时曾在长安兴盛一时，并在全国建有"十字寺"，但多由非汉族民众所信奉。在唐代，景教的寺院不仅建于长安，地方府州也有。

石刻古籍

古代碑石

■ 曲阜孔林碑林石刻

荣耀的牌匾

■ 孔庙碑林

光福寺 又称泸
山光福寺，位于
四川省凉山州西
昌市泸山腰间，
是泸山的第一古
刹。原名"大佛
寺"，也是主
庙。距今约1100
年，总建筑面积
约2万平方米。整
个建筑群落依山
势分7级建造，
由天王殿、望海
楼、观音殿、大
雄殿、蒙段祠、
三圣殿组成。

曲阜孔庙碑林位于山东省曲阜孔庙内，集各代碑石2000多块。

庙内碑刻真草隶篆，各家书法具备，巨者逾丈，小者不盈尺，有唐、宋、金、元、明、清代所立石碑53座，碑文多是祭孔、修庙的记录，除汉字外，还有满文和八思巴文，是我国大型碑林之一。

其中，著名的汉代碑刻有公元前56年刻石史晨碑、乙瑛碑、孔庙碑、礼器碑、孔谦碑、孔君墓碑、孔彪碑、孔褒碑、谒孔庙残碑等17通，汉碑集中存数居全国首位。

魏晋南北朝碑刻有黄初碑、贾使君碑、张猛龙碑、李仲璇碑、夫子庙碑等。孔子故宅西侧的四角黄瓦方亭中立有乾隆御书的"故宅井赞碑"，也为艺术珍品。

此外，陈列室内还嵌有玉虹楼法帖石刻584通，其他各处有各代各种碑刻1200通以上。

台湾高雄南门碑林是1791年修成的。高雄最初是一座小城，共有城门8座，城门增建外廓，安炮6座，成座高达两米多。

南门碑林又名大碑林，位于大南门城右侧。碑亭内陈列了61座清代遗留至今的碑碣，数量相当庞大。这61通古碑的历史来源，大致上可分为纪功、修筑、建筑图、捐题、墓道、示告等6类，若细细阅读其含义，还可得知许多当时的社会概况，十分有趣。

西昌地震碑林位于西昌市南泸山光福寺内，共有石碑100余通。石碑上记有西昌、冕宁、甘洛、宁南等历史上发生几次大地震的情况，详细记载了1536年、1732年、1850年西昌地区3次大地震发生的时间、前震、主震、余震、受震范围及人畜伤亡、建筑破坏的情况。

西昌地处安宁河、则木斯河断裂带，是我国西南部震区之一，历史上发生过多次强烈地震，碑林为我们研究强震是否在同一地点重复、发震周期、内在规律等提供了实物资料，不仅可与历史文献相对照，并可补其不足，实为我国之罕见。

081

石刻古籍

古代碑石

阅读链接

在我国，除了上面著名的四大碑林之外，还有一些著名的碑林，如龙门石窟碑林、涪陵碑林、浯溪碑林、焦山碑林和药王山碑林等。

其中，龙门石窟碑林与西安碑林、曲阜孔庙碑林并称为我国的三大碑刻艺术中心。

龙门石窟中的历代造像题记多达3600余品，其中以"龙门二十品"最负盛名，是学书法者寻访的对象。龙门石窟中的很多佛像都刻有"造像记"，造像记的书法绝妙，特别是北魏书法遒劲有力，变化颇多。清中叶以后，有人在北魏造像记中选取"始平公""杨大眼""魏灵藏""孙秋公"等20种，拓本传布，这就是有名的"龙门二十品"。

我国著名的十大"三绝碑"

武侯祠三绝碑碑亭

我国的碑石中，有一种碑文的文章、书法和雕刻技巧都很精绝的石碑，人们称它们为"三绝碑"，这种碑石，大致可分为三种情况：

一为大多数碑文、书法、刻工精妙绝伦，又能汇于一碑者；二为文章、书法及文章所述之人的德政功绩杰出者又能汇于一体的；三为文章、书法及镌刻之石奇特者。

但是，不管哪种情况都离不开文章、书法的精绝为其基础，才能称得上"三绝碑"。

在我国，著名的"三绝碑"有：湖南省郴州市苏仙岭"三绝碑"、四川省成都的"蜀丞相诸葛武侯祠堂碑"、湖南省永州柳子庙的"苏轼荔子碑"、山东省"潍坊新修城隍庙碑"、福建省泉州的"万安桥记大字碑"、河南省临颍的"上尊号与受禅碑"、湖南省祁阳的"浯溪摩崖石刻"、开善寺的"宝志公象赞诗碑"、陕西省高陵的"李晟墓碑"和河南省郑州的"苏轼书欧阳修醉翁亭记石碑"。

■ 三绝碑 柳公绰书

其中，苏仙岭"三绝碑"位居十大著名"三绝碑"之首。这通石碑在苏仙岭公园的白鹿洞石壁上，上面刻有北宋词人秦观的一首词。

据说，当年秦观被削职到郴州后，于1097年作了《踏莎行·郴州旅舍》一词：

雾失楼台，月迷津渡，桃源望断无寻处。可堪孤馆闭春寒，杜鹃声里斜阳暮。驿寄梅花，鱼传尺素，砌成此恨无重数。郴江幸自绕郴山，为谁流下潇湘去。

多愁善感的诗人的词中倾吐了他被削职后的凄苦失望的心情。后来，他将词寄给了苏东坡，苏东坡非

苏仙岭 是湖南省人民政府首批公布省级风景名胜区之一。主峰海拔526米，自古享有"天下第十八福地""湘南胜地"的美称。苏仙岭因苏仙神奇、美丽的传说而驰名海内外，岭上有白鹿洞、升仙石、望母松等"仙"迹，自然山水风光久负盛名。《踏莎行·郴州旅舍》被镌刻在苏仙岭的岩壁上，史称"三绝碑"。

常喜欢,爱不释手。在秦观死后,苏东坡出于敬佩,在其词后写下了"少游已矣!虽万人何赎?"的跋语而流传开来。

后来,宋代"四大书法家"之一的米芾又把秦观的词和苏东坡的跋书写在扇面上,流传到郴州。

郴州人为了纪念秦观,就把"秦词、苏跋、米书"刻在碑上,史称"三绝碑"。又过了100多年,南宋郴州知军邹恭命石匠,将其摹刻在苏仙岭白鹿洞附近的大石壁上,这就是后来白鹿洞上的"三绝碑"。

白鹿洞是一个天然的悬崖石壁。此碑高0.52米,宽0.46米,11行,每行8字,行书,碑文艺术手法极高,感染力也很强,可谓郴州一绝。

■ 武侯祠"三绝碑"碑文

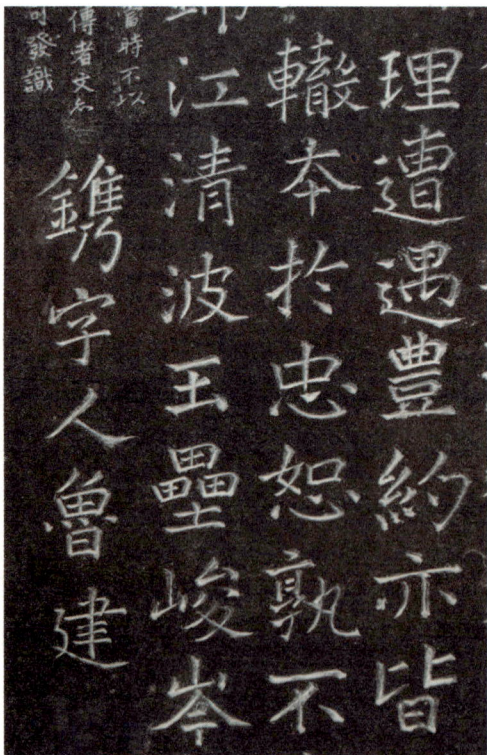

成都的"蜀丞相诸葛武侯祠堂碑"立于武侯祠大门内右侧,是成都最古老的碑刻之一。说到在后世的名声和影响,此碑在成都则首屈一指。

此碑本名为"汉丞相诸葛武侯祠堂碑",立于公元809年。碑身及碑帽通高3.67米,宽0.95米,厚0.25米,下有碑座。碑帽的云纹雕饰,具有唐代石刻艺术特点。其石质为峡石。碑文共22行,每行约50字,楷书。

碑文作者裴度，是唐代中后期有名的政治家。807年，唐王朝派相国武元衡出任剑南四川节度使，裴度作为幕僚随行。裴度久欲撰文颂扬诸葛亮，到成都游武侯祠后，便怀着景仰之情写了碑文。

碑文内容分序文和铭文。序文开篇处，裴度称颂诸葛亮兼具开国之才、治人之术、事君之节和立身之道，是千古罕有的封建政治家。

后来，著名书法家柳公绰亲自写下柳体笔韵的碑文，名匠鲁建亲自完成了石碑的刻写，为此，此碑便因文章、书法、镌刻都极其精湛，而世称"三绝碑"。

湖南永州柳子庙的"苏轼荔子碑"在零陵县永州镇的柳子庙内。"苏轼荔子碑"共有4通，每通高2.4米，宽1.32米，厚0.21米，长方形，平额无座。原碑为唐朝韩愈撰文，宋苏轼书写的"罗池庙享神诗碑"，与河东柳宗元之德政，世称为"三绝碑"。

因其诗开头有"荔子丹兮蕉黄"之句，因之又称为"荔子碑"。原碑宋代刻于广西柳州罗池庙，明代刘克勤摹刻于零陵永州镇愚溪庙，现存于柳子庙内之

■ 白鹿洞书院碑刻

知军 我国宋代官名。"军"是宋代县以上的一个行政区域。军的长官一般由朝廷派员，称"权知军州事"，简称"知军"。知军实际上是宋朝时以朝臣身份任知州，并掌管当地军队。宋代作为地方行政单位的军，其长官称知军，也有称军使。

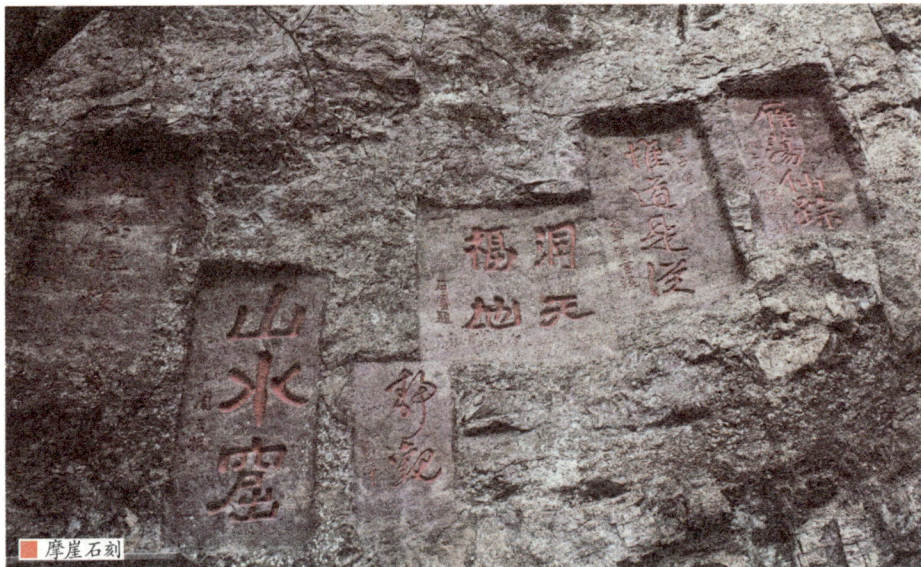

摩崖石刻

碑为清顺治年间永州知府魏绍芳所重刻。

"潍坊新修城隍庙碑"位于山东潍坊，此碑碑文为1752年潍县知事郑板桥撰并书，碑文思想性很强，有朴素的唯物主义精神，堪称一绝；其书法为板桥极为少见的正书杰作，称一绝；丹书石上，由其高足弟子司徒文膏镌刻，不失笔意，与真迹不差毫厘，又称一绝，所以世称"三绝碑"。

泉州的"万安桥记大字碑"在福建省泉州市洛阳桥南的蔡襄祠内。蔡襄，是宋代著名四大书法家之一，字君谟，仙游人。官至端明殿大学士，两度出知泉州，建洛阳桥，卒谥"忠惠"。祠历代均曾修建，现存系清代重建，面3间，深3进。

蔡襄一生除为后人留下了许多优秀书法作品外，最大的贡献莫过于主持建造了我国第一座海港大石桥洛阳桥，同时，他还为桥亲自撰写并书写了"万安桥记大字石碑"碑文。

其文章精练，仅用153个字便记载了造桥的时间、年代、桥的长宽、花费银两、参与的人数等，书法遒美，刻工精致，为洛阳桥增辉添彩。碑刻书法遒劲，刻工精致，世称"三绝碑"。

临颍的"上尊号与受禅碑"在河南省临颍县繁城。此碑刻于220年。碑石上的碑文为八分隶书，高体方正。碑文记载了144年农历十月，魏公卿将军劝进及汉献帝禅位于魏王的历史事件。此碑传为王朗文、梁鹄书、钟繇镌字，世称"三绝碑"。

祁阳的"浯溪摩崖石刻"在湖南省永州市祁阳县城西约2000米的湘水之滨。浯溪摩崖石刻是我国南方摩崖第一家，其诗文书法，具有丰富的文化内涵。

此地苍崖石壁，巍然突兀，连绵78米，最高处拔地30余米，为摩崖文字天然好刻处。

1200多年前，唐朝著名的文学家元结卸去道州刺史之职回乡，途经此地，见这里山水秀丽，遂居家于此，并将一条无名的小溪命名为"浯溪"，意在"旌吾独有"，撰《浯溪铭》，浯溪得名从此开始。

元结又将"浯溪东北廿余丈"的"怪石"命名

■ 岳庙碑文

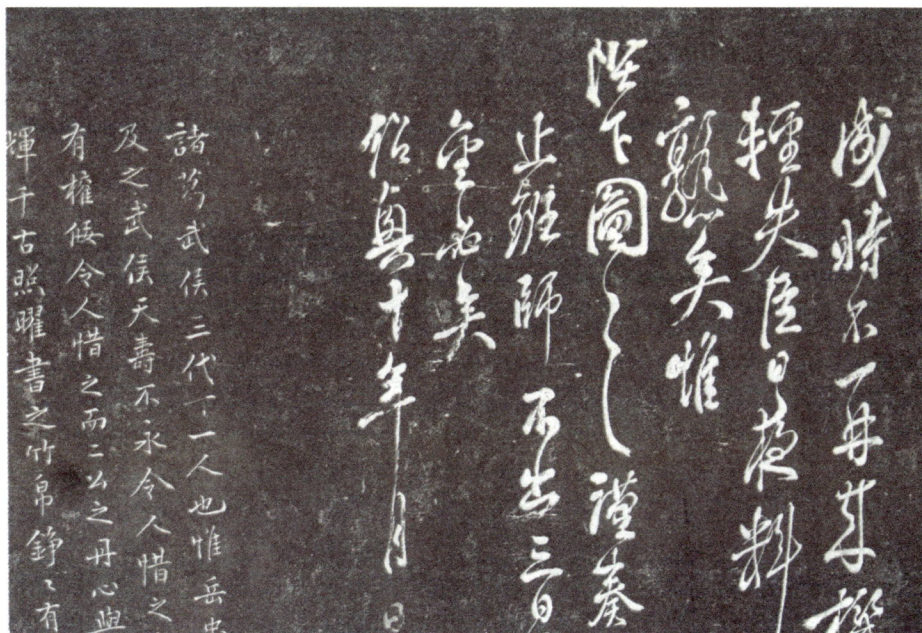

刺史 是我国古代的职官。汉初，汉文帝以御史多失职，命丞相另派人员出刺各地，不常置。于公元前106年起开始设置，"刺"指检核问事之意。刺史巡行郡县，分全国为十三部，各置部刺史一人，后通称刺史。刺史制度在西汉中后期得到进一步发展，对维护皇权起着积极的作用。

■ 颜真卿书法碑文

"峿台"，撰《峿台铭》。还在溪口"高六十余尺"的异石上筑一亭堂，命名"广吾亭"，撰《浯庼铭》。

后来，元结将"三铭"交给篆书家季康、瞿令问、袁滋分别用玉箸篆、悬针篆、钟鼎篆书写，并刻于浯溪崖壁上，此便是后人所称"浯溪三铭"，也称"老三铭"。这三通碑都有很高的艺术价值。

另外，元结还将自己在公元761年所撰的《大唐中兴颂》一文，请颜真卿手楷书书写，于771年摹刻于浯溪靠近湘江的一块天然绝壁上，因文奇、字奇、岩绝，世称"浯溪三绝"。

"大唐中兴颂碑"原高3米，宽3.2米，为浯溪碑林中最大的一通碑刻。碑文记述了安史之乱、玄宗逃蜀、肃宗即位、克长安、洛阳等史实，是世界罕见的保存比较完好的著名摩崖碑刻。

据说，这是颜真卿生平的得意之作，后人称赞他

的《大唐中兴颂》为"颜体笔翰高峰""楷书典则"。

开善寺的"宝志公象赞诗碑"在南京灵谷寺无梁殿西的松涛深处。

碑上的"宝志像"是唐朝画圣吴道子所绘，大诗人李白作赞，著名书法家颜真卿写字。因文字、书法、镌刻均为名家之作，精湛至极，冠绝碑林。

陕西高陵的"李晟墓碑"，全称为"唐故太尉兼中书令西平郡王赠太师李公神道碑"，在陕西省高陵县白象村渭水桥北。

该碑是829年，为纪念西平郡王李晟而立。碑文主要记述了李晟的生平传略及为大唐所立战功业绩。

碑身通高4.35米，宽1.48米，厚0.46米。蟠首龟座。碑文为名相裴度所撰，裴文庄重严谨。碑文为柳公权书丹，柳书端丽、秀润。并由名匠刻字，世称"三绝碑"。碑阴有明弘治年间第二十五世孙参政芜湖李赞所作祭文和正德年间教谕李应奎及副使曹琏的题词。

据说，此碑最初立于李晟的墓前，后因渭河不断向北侵崩，使奉政原原体不断倒崩，原墓葬被水毁掉。至明代时，人们便将此碑迁移到现渭河大桥北端偏东处的渭桥村。

■ 灵谷寺石碑

摩崖碑刻 指文字石刻，即利用天然的石壁刻文记事。它是我国古代的一种石刻艺术，指在山崖石壁上所刻的书法、造像或者岩画。它起源于远古时代的一种记事方式，盛行于北朝时期，直至隋唐以及宋元以后连绵不断。摩崖石刻有着丰富的历史内涵和史料价值。

黄鹤楼碑刻

郑州的"苏轼书欧阳修醉翁亭记石碑"在河南省郑州市博物馆内。

1091年，苏轼在颍州当知府时，应开封诗人刘季孙之请，以真行草兼用字体写成《醉翁亭记》长卷，卷末有赵孟頫、宋广、沈周、吴宽、高拱等人的跋尾赞叙。

后来，在1571年时，人们把苏轼的《醉翁亭记》刻成石碑，立于河南省鄢陵县刘氏家祠内。

1692年，明代大臣高拱的侄曾孙高有闻因原刻磨损不清，出其家藏拓本重新刻石，立于新郑县的高氏祠堂。刻石手技十分精巧，较之原作有过之而无不及。

碑共18通，每通长0.6米，宽0.4米，为宋朝文学家欧阳修撰文、苏轼书写，刻石极为精巧，称之为"三绝碑"当之无愧。后来，政府为了保护此碑，将它移置于郑州市博物馆建立的长廊内，方便保存。

阅读链接

220年10月，魏王曹丕在繁阳，也就是河南省许昌市西南17公里的繁城镇，受禅台举行大典，接受汉献帝的禅让，代汉立魏。从此结束了刘汉王朝400年的历史，开始了我国历史上的魏、蜀、吴三国时代。

详细记述这一历史事实的是立在繁城镇汉献帝庙内的两块碑文：《受禅表》和《公卿将军上尊号奏》。这两通碑就是名传遐迩的书法瑰宝——汉魏繁城"三绝碑"。

两碑均于220年刻立。《公卿将军上尊号奏》碑高3.32米，宽1.02米，厚0.32米，额题篆书阳文"公卿将军上尊号奏"。《受禅表》碑，高3.22米，宽1.02米，厚0.28米。